リプロダクティブ・ヘルス
支援の現場から

編著者
山本八千代

執筆者
NPO法人 FOSC（フォスク）

ブックウェイ

ご挨拶

NPO法人FOSC（フォスク）
理事長　野口真理子

　1994年9月カイロにて国連主催の人口開発会議が開催された。その時に初めて人権用語として国際文書に掲載された呪文のような言葉「リプロダクティブ・ヘルツ/ライツ」（性と生殖に関する健康とそれを保障する権利）に関心を持った。それから北九州市内の20代〜30代の女性たちが集まり、新聞記事を通じて意見交換を始めた。これがNPO法人FOSC（フォスク）を作るきっかけだった。

　1995年12月21日には、今はすでにないが「そごう小倉店」にあるホールにて、北九州市男女共同参画課の支援を受け、カイロ人口開発会議に参加したNGOや研究員を招待して「カイロ発北九州そして北京へ　環境・人口とからだの自己決定権　カイロ国際人口開発会議報告会」を開催した。

　世界では、私たちと同じ世代の女性たちが、性や生殖に関する社会的なサービスを受けることなく命を終えていく現実を知り、20代〜30代の私たちは、私たちが抱える問題と、性や生殖に関する世界の問題が重なり合っていくことを実感した。

　問題意識が芽生えた私たちは、1995年4月15日に任意団体「女性と

健康北九州ネットワーク」を立ち上げ、北九州の女性たちは今どのような状態にあるのか、自主的な勉強会を始めた。時には障害者団体の方をお呼びして、優生保護法（1996年に母体保護法に改正）によって、国内で多くの人たちに強制的な不妊手術が行われた事実も知った。

　男女共同参画センターを使っての毎月の勉強会は貴重な体験であり、私たちの知識は高まるが、私たちの地域の女性たちには何の変化もないことに、あるとき気付いた。ふと、「これで良いのか」という疑問を感じた。私たちの知ること、男女共同参画の考え方は、センターでは通じても、一般社会では通じないことにも気づいた。

　そこで男女共同参画センターを離れて、小倉駅に近い市民センターを使っての勉強会を開始するようになった。すると、センターの職員や、また同じ時間帯に別の部屋を使っている人たちが、私たちの勉強会は「何の勉強会だろうか」と関心を示し始めた。ある時、勉強会に関心を持った公的機関の相談員が、「協力するから、北九州市で初めての女性のための民間相談窓口を作らないか」と声をかけてくれた。また、精神科に勤める看護師が、「自助グループという活動があって国内で少しずつ広がり始めている」ことを教えてくれた。では、それらをやってみようかと思いはじめ、ここから現在の活動に向けての一歩が始まった。

　2010～2012年度にかけて、ファイザー株式会社主催の「ファイザープログラム～心とからだのヘルスケアに関する市民活動・市民研究支援」の助成金を受けて「性的虐待体験者が性産業で働く理由とその実態調査」を行い2冊の報告書を発行した。また、これに続いて、同社より支援が受けられ、困難をかかえる女性のための宿泊施設「ステイ」と「女性の心と体を守る情報なび」のURLサイトを設けた。

これらの活動を行い、「女性と健康北九州ネットワーク」は、現在の「NPO法人FOSC（フォスク）」に変更させていった。その意味は「The first one-step support center（最初の一歩支援センター）」として、その頭文字を取っている。そして、暴力被害等の様々な理由で居住先がなかったり、家庭に居ることができない、困難を抱える子どもと女性のために、宿泊施設運営や自立生活支援、居場所の提供、相談・啓発・研究に関する事業を行い、子どもと女性の人権の擁護と福祉の増進に寄与することを目的とする現在の事業へ展開させていった（2012・10・1発行「心とからだも健やかな社会の実現に向けて～ファイザープログラム」『THE BIG ISSUE 200』28－29頁に記事掲載）。それは「問題意識を持った市民が主体となって、困難を抱えた人々の支援ニーズや課題を明らかにし、支援の効果を客観的に示すための市民研究に取り組み、それを基に市民活動としての実践に展開した事例と言えます」という評価も受けた。（2017・9・8発行　特定非営利活動法人市民社会創造ファンド「ファイザープログラム　助成プロジェクト紹介」『市民社会の創造に向けて－市民活動助成の15年－』5頁に記事掲載）。

　本書は、ファイザープログラムの助成を受けて行っている「女性の心と体を守る情報なび」のサイトでのメール相談を、より効果的な支援活動に結びつけるためにファイザー株式会社が行う「公益財団法人ファイザーヘルスリサーチ振興財団」から助成を受けて行った「リプロダクティブ・ヘルス相談支援ガイドラインの開発」の調査研究の結果をより広く紹介し、現代日本の女性が抱える課題に向けての支援の手引になっている。

2017年11月25日NPO法人FOSCは第16回福岡県男女共同表彰で「困難な状況にある女性の自立支援部門」を受賞するに至った。22年の活動の中で、多くの人たちの協力を受け、また支援のイロハを教えてくださった当事者の皆様に心から感謝申し上げたい。そしてリプロダクティブ・ヘルス／ライツの考え方を広めていくための、新たなステージに私たちは入ったと感じ挨拶を締めくくりたい。

2017年11月

目次

ご挨拶	2
本書について	8
リプロダクティブ・ヘルスの問題	13
1．妊娠SOS	14
1）妊娠かどうか教えて欲しい	14
2）避妊方法の相談	19
3）緊急避妊についての相談	20
4）妊娠継続か中絶かの葛藤	23
5）中絶をしたい、具体的相談	26
2．中絶後の心身の不調	30
3．インターネットを介したトラブル	38

4. 配偶者からの暴力（ドメスティック・バイオレンス、DV） 43
  1）当事者の背景 43
  2）DVの状況 46
  3）DVを受ける当事者の求める支援内容 47
  4）DVを受ける当事者の相談内容からわかる問題の特徴 50

5. 配偶者では無いパートナーによる暴力（デートDV） 62
  1）当事者の背景 62
  2）暴力の特徴と件数 63
  3）相談内容、当事者の心情等 65

6. 望まない性行為・性行為の強制 94
  1）被害者 94
  2）相談内容から読み取れた問題の特徴 98

おわりに 112

本書について

編著者　山本八千代

　「リプロダクティブ・ヘルス」とは、性と生殖に関する健康・権利である。それは、単に疾病、障害がないというばかりでなく、身体的、精神的、社会的に完全に良好な状態と、子どもを産むかどうかなどを自ら決定する権利を含んでいる。

　女性がこの権利を享受するには、男女の平等な関係と共同の意識、責任意識、女性の自己決定の力が前提になる。しかし、すべての人がリプロダクティブ・ヘルスの権利を十分享受できているか、私たちの周囲を見渡すと、そうとは言い難い現状がある。

　日本では、性交開始年齢が低年齢化し、性感染症（STD）の感染率は上昇している。若者が手に入れる性情報は溢れかえり、それは正確な情報では無い。十分な知識が無いまま性行為を開始しているにも関わらず、依然として性教育は未整備である。若者は妊娠、出産についての正しい知識がないまま性行為を開始する。また女性の多くは経済的、社会的弱者で、配偶者や恋人など、親密なパートナーから暴力（ドメスティック・バイオレンス、DV、デートDV）を受けながらもその関係に留まり苦しむ女性は少なくない。

　次に性犯罪・性暴力の状況を見ると、これらは犯罪にも関わらず、被害女性側の自己責任とみなされる社会に私たちは生きている。被害者

の私生活が取り沙汰されたり、「暗い夜道を歩いていたからいけないのだ」、「派手な格好をして通りすがりの男性を刺激したからだ」などと、周囲からさらなる被害を受けることになる。これは二次被害と言い、直接の被害に加え、さらに被害者を苦しめている。

一方近年、スマホやパソコン等のIT機器が進化し、インターネットの交流サイトで見知らぬ相手と知り合い性被害に遭う事例や、元交際相手が性的画像をインターネットで公開する「リベンジ（復讐）ポルノ」等の被害も広がり、子どもも含む女性達が苦しんでいる。

こうした問題にさらされた子どもや女性たちが、公的システムのチャートにあるような支援を享受するには、はかりしれない大変さがあることを私たちは知っている。被害者一人でこうした支援システムにたどり着くことが、いかに大きな力がいるのかを私たちは実感している。双方とも、魂と生命の存続をゆるがす程の深刻な問題であるにも関わらず、支援システムにたどりつくことは、当事者にとってはハードルが高すぎる。当事者からは相談行動が起こされにくく、医療機関への受診行動さえも取られにくい。

私たちNPO法人FOSCは、「困難を抱える子どもと女性」を対象に支援活動を展開している。子どもと女性のための宿泊施設経営や、自立生活の支援、相談などの救済活動に長年取り組んでいる。2012年度に「ファイザープログラム〜心とからだのヘルスケアに関する市民活動・市民研究支援」の助成金を受け、「女性の心と体を守る情報なび」のURLサイトを開設し、無料で匿名のメール相談をずっと受けている。このメール相談には、月経トラブル、避妊方法、妊娠ではないか、妊娠はとても困る、性感染症にかかったのではないか、などの内容が多く寄せられ、さらには中絶の決定を巡る悩み、ドメスティック・バイオレンス（配偶者では

ないDVを含む）、性暴力の被害にあってどうしたらよいか分からない女性達からの相談もある。メール相談が最初に寄せられたのは、2012年7月である。IT技術、インターネット利用の増加に伴い年々増加しているが、2017年11月30日までに1037件の相談が寄せられ、NPO法人FOSC（フォスク）の相談員が対応してきている。

　NPO法人FOSCの活動から見えてきたものは、当事者を支援のフローチャートに乗せる難しさと、困難をかかえる女性達を取り巻く問題は、多くのことが複雑に絡み合っていると言うことである。生育した家族のこと、成長する過程で起こったこと、相談した時点の家族のこと、パートナーの特性やパートナーとの関係性、仕事や収入のこと、貧困などの問題である。私たちは、当事者たちの貧困と孤立を実感している。貧困は、家屋がないなどの物理的貧困、低賃金で生活する資金がないという経済的貧困があるが、これらに加えて、健康を維持するための知識が乏しい、人とのつながりが乏しいなども抱えている。リプロダクティブ・ヘルスの問題は、これらの貧困一つ一つが、複雑に絡み合っている。当事者の女性たちは、社会の底辺に追いやられ、一人孤立している。

　悲しいことであるが、リプロダクティブ・ヘルスの問題はある日突然に見舞われることがあり、世界中誰もがその当事者になり得る。その誰かに直接つながる周囲の人、例えば友人やきょうだい、家族であるが、その他にも職場の同僚や健康管理者などが支援システムへのつながりを作る人となる。当事者が子どもであれば、保育園、幼稚園、小中高等学校の関係者が支援システムへのつながりを作る人となる。不安な気持ちでひとり問題を抱える当事者が、専門の相談支援システムとつながるには、そのつながりをつくる誰かが鍵を握る。

　当事者を支えられる人が一人でも増えることを願い、リプロダクティ

ブ・ヘルスの問題がどのようにして現れ、どのように女性を苦しめているのかを著すことにした。

本書は NPO 法人 FOSC がファイザーヘルスリサーチ振興財団第 25 回（2016 年度）国内共同研究（年齢制限なし）の助成を受けて行った研究「『リプロダクティブ・ヘルス相談支援ガイドライン』の開発」の報告書をもとにしている。2012 年 7 月から 2017 年 11 月 30 日まで「女性の心と体を守る情報なび」の URL サイトに寄せられた相談 1037 件のうち、①妊娠に関する相談（以下妊娠 SOS と記す）、②中絶後の心身の不調を訴える相談、③インターネットを介したトラブルの相談、④配偶者から暴力を受けていると言う相談（DV）、⑤交際中のパートナーから暴力を受けていると言う相談（デート DV）、⑥性犯罪・性暴力・性虐待の被害を受けた、受けているとの相談を取り上げた。

本書では、わかりやすくするために、相談を送った本人は「当事者」、相談を受けアドバイスを行う支援者のことを述べるときは、「相談員」または「支援者」と記述することにする。文中の事例を示した部分は、寄せられた相談内要をもとに創作したものである。創作するにあたり、相談をした当事者からは承諾を得た。承諾の得られた相談のみに、内容が損なわないことを考慮し、加筆修正したり、創作を付記したりしたものである。はかりしれない悲しみにある中、社会への問題提起のために、承諾を下さった当事者の方たちに心より感謝するばかりである。私たちは、リプロダクティブ・ヘルスが脅かされ、悲しみ苦しんでいる女性の心情を多くの人に知って頂きたいと思う。そして当事者の方が一刻も早く支援システムにつながり回復されることを心より願っている。

最後になりましたが、本書を出版するにあたり、研究助成を頂いた公

益財団法人ファイザーヘルスリサーチ振興財団理事長、島谷克義様及び担当者の皆様に心より感謝申し上げます。

2017 年 11 月

リプロダクティブ・ヘルスの問題

1．妊娠SOS

「妊娠したかもしれない、大変不安である」との相談は最も多く受けている。過去5年間に受けた1037件のメール相談のうち、妊娠に関連する不安や悩みの相談は約700件あった。性行為の様子を書いて妊娠の確率はどれくらいかと尋ねる当事者もある。類型化すると①妊娠かどうか教えて欲しい、②避妊方法の相談、③緊急避妊についての相談、④妊娠継続か中絶かの葛藤、⑤中絶をしたい、具体的相談、であった。下記にこれらを説明する。

1）妊娠かどうか教えて欲しい

　性行為をした後妊娠するか、その確率はどれくらいか、などの質問である。これが最も多く寄せられる相談である。「〇月〇日、性行為をしました」、「彼氏とエッチしました」などと述べられる、あるいは性行為の詳細を記し、妊娠したかどうか不安であると訴えられている。
「避妊しない性行為をした」、「コンドームが破損した」と述べ、「妊娠をするのではないか、教えて欲しい」と質問する内容がほとんどであった。「ラルーン」、「ルナルナ」などと呼ばれるアプリを用いて、自身の排卵日を予測しているものも少なくない。多くは若年者であり、中には中学生ということもある。
　他には、「相手に中だし（膣内での射精）をされた、相手が『生理中は妊

娠しない』と言ったが調べてみると可能性はゼロではないことが分かった、本当に妊娠するのか」との質問が寄せられている。このようにパートナーが無責任な発言をしている様子が分かる相談事例は少なくない。

　以下は当事者の相談である。承諾を得て、内容を損なわない範囲で加筆修正したり、創作を付記したりしたものである。

>　生理が１週間遅れています。今までは遅れても早くても２日や３日の誤差だったので、今回のようなことは初めてで少し不安です。〇月の半ばに彼とＨを３日間連続でしました。もちろん避妊はしましたが、一度だけ避妊をせずそのまま挿入し、途中でゴムを付けて再び挿入…ということがありました。生理前の予兆とは違う下腹部の痛みや違和感（チクチクしてジーンとする）と、頭痛や吐き気、ダルさと、時々腰の違和感、おりものがいつもよりサラサラしている。といった症状がみられます。妊娠しているか不安なので明日検査薬を買いに行く予定なのですが、これらは妊娠初期症状に当てはまるのでしょうか。

>　昨夜、彼氏と性行為をしたのですが、彼氏が１度コンドームの中に射精したあと、ゴムを外し、その時に少し精液がついたかもしれない手で、もう一度自分の性器を少し触ってしまいました。これで妊娠することはありますか？不安です。

○月の○日から３日間、避妊なしの性行為をしました。生理予定日は○月○日だったのですが、１週間後に使える妊娠検査薬を○日に使用したところ、陰性でした。検査をした日、してから数時間後に紙で拭くとつくぐらいの血が出ました。それが現在までの３日間続いており、これは着床出血でしょうか。

　生理が３日〜４日ほど遅れています。○日と○日に彼氏と膣外射精でした。生理の予定日は○日です。悩み過ぎなのか胃が痛いです。妊娠超初期症状のように、胸の張り、吐き気などありません。妊娠検査薬を買うのも怖いです。どうしたらいいですか。助けてください。

　男性器を膣内に入れようとしたところ入らなかったんですが、それでも妊娠ってしますか？我慢汁ついた手で膣に手入れられて妊娠しますか？私の友達で「我慢汁で妊娠する」とかって話を聞いたら不安でしかたがありません。

　生理が○月○日から来ていて５日目の○月○日の朝ほとんど血は出ていなかったので性行為をしてしまいました。最初から最後までコンドームは着用していましたが着用する際に裏表を間違えてしまい、コンドームが一つしかなかったので

我慢汁が表についているまま行為をしてしまいました。破れや漏れはありませんでした。生理の周期は〇日くらいです。そのあと〇月〇日にも二回、性行為をし、その時は裏表間違えることなく、終わった後も、スムーズに挿入を終わらせ破れていないかも手で触って確認しました。しかし、〇月〇日あたりが生理の予定日なので来るのか不安です。妊娠の可能性はあるのでしょうか。

　先月〇日から生理、先月〇日性行為（避妊してます）です。今月生理がきてません。今月7日ホルモン注射打ちましたが、まだきてないんです。検査薬陰性、ホルモンバランス異常なし。卵巣腫れて、子宮内膜厚みあるのですが…妊娠だったら大変です。体に何が起こっているのでしょうか。

　〇月〇日に彼氏と性行為をしました。最初はコンドームをつけて、途中でフェラをし、その後一度だけペニスを生で挿入して抜きました、それだけでも妊娠しますか？コンドームに穴がないか調べましたがありませんでした。

　性行為をしました。しっかり避妊したのですが、妊娠初期症状を調べるうちにだんだん不安になってきました。フェラをした後、1度だけ避妊具を使わずに生で挿入してしまった

のですが、すぐ抜いたので、中には出していません。でももしも、という事を考えると怖いです。妊娠している可能性というのはあるのでしょうか。

　生理予定日になっても生理がきていなくて、妊娠なのか病気なのか心配で相談いたしました。〇月〇日に彼と性行為をしました。挿入時に切れて３日ほど軽い出血がありました。行為後腹痛も２日ほどありました。生理がきません。妊娠の可能性があるなら、どのタイミングで病院にいけばいいでしょうか？病気の可能性がある場合でも、何か症状がでたりするのでしょうか？不安ばかりが押し寄せてきます。

　初めまして、私は排卵が起きにくく、プロゲストン、プレマリンの錠剤を産婦人科で処方されました。二週間分の処方なのにも関わらず９日目で出血をしてしまいました。そこでお聞きしたいのですが、出血していても飲み続けていいですか？薬を摂取している期間内に恋人と避妊なしのセックスをしてしまいました、妊娠の可能性はどれくらいありますか。

　昨夜、彼女と性行為をしたんですが、コンドームの中に射精したあと、それを外した時に少し手に精液がついたかもしれない状態で、もう一度彼女の性器を触ってしまいました。

> これは避妊できているでしょうか。

> 　先日アフターピルを使用し、もう２度とないようにと消退出血３日目からピル（シンフェーズ）の服用を始めました。ピルの服用から６日目にコンドーム有りでセックスしたのですが、途中でコンドームがずれたので１度付け替えました。中では出していません。今セックスから９日目なのですが、昨日から体（特に下腹部）が火照る、張るなどの症状があります。おりものも多く、無臭ですが黄緑ぽいです。その他にも右腹部が痛むなどの症状がありました（今は治まっています）本来の生理周期は〇日程度です。妊娠なのか、なにか感染症なのかお医者さんに行くべきなのか不安です。

２）避妊方法の相談

　避妊方法の問い合わせは多く受ける。日本ではポピュラーであるコンドームの正しい使い方、避妊用ピルの副作用を質問する内容が多いが、避妊用ピルの飲み方、飲み忘れの対処、「セックスデビューをするので避妊方法を教えて欲しい」、「ピルを内服したいが、未成年のため保護者の許可が必要と言われた、どうしたらよいか」などの内容が相談されている。

　避妊用低用量ピルは医療機関で処方されたものかどうかは、記述が無く不明である。ごく少数ではあるが自分で「インターネットを通じ通信販売で購入した」と書かれていたものもある。

以下は当事者の相談である。承諾を得て、内容を損なわない範囲で加筆修正したり、創作を付記したりしたものである。

> 低用量ピルを服用したいと考えているのですが、親に相談しようか迷っています。避妊のためだけに服用するといえば反対されると思います。しかし、私は避妊もそうですが、生理前の症状も軽減できるので、服用したいと考えています。産婦人科へ行き保険証を提示した場合、家庭に通知は届きますか。また親にどのように納得して貰うべきでしょうか。

3）緊急避妊についての相談

　緊急避妊薬（アフターピル）に関連する相談は多くある。性行為の後、妊娠を避けたい、緊急避妊ピルを飲むべきかとの相談である。最も多いのは「○月○日に性行為を行った、緊急避妊ピルを飲むべきか」との質問である。コンドームの残存や破損、持ち合わせが無かった、取り扱いの失敗が説明されている。通常、緊急避妊薬（アフターピル）は医療機関で処方を受け医療機関内で内服するものであるが、すでに緊急避妊ピルを所持していて、「飲んでも良いか」と問い合わせられたものは少なくない。所持に至った経緯はインターネットを通じ購入した可能性は高いが確かなことはわからない。

　以下は当事者の相談である。承諾を得て、内容を損なわない範囲で加筆修正したり、創作を付記したりしたものである。

コンドームが破れて中出ししちゃっていました。アフターピルを探してみたんですが、1万円かかると言われました。今そんな余裕がありません。どうすれば良いですか。

　コンドームが抜けて…産婦人科へ行ったほうがいいのですか、親同伴でなくてはなりませんか…お金はいくらかかりますか。

　避妊について相談です。前回生理開始日を覚えていないのですが、○月○日か×日くらいだったような気がします。推定排卵日が○／○〜○／○、生理予定日が約1週間後となっています。○／○の夜に生で外出ししたのですが、不安だったので緊急避妊措置として、翌日夜10時に低用量ピル（マーベロン）を3錠服用し、12時間後の朝10時にもう一度3錠服用しました。そして同日の夕方に再度生で外出しをしてしまいました。妊娠していないか、また、再度緊急措置をとっても問題ないのかが知りたいので相談されていただきました。因みに、以前低用量ピルを使用していたことがあり中断をしていた時の出来事でした。また毎日定時に服用を再開したいと考えています。軽率な行動だと反省していますが、今は不安でしかたがありません。

僕は、男です。大学生です。単刀直入に申しますと僕の彼女と行為に至った際、ゴムの破れに気付かず中出しをしてしまいました。朝の8時ごろ行為が終了し、同日朝の10時頃アフターピルを処方され服用しました。同日夜10時にもう一度服用しました。副作用が一切なく1週間経った今、生理が来ていません。これは避妊が失敗したという事でしょうか。

　生理の初日、避妊なしで挿入してしまい、数回ですがピストン運動をしました（その後すぐに抜き、射精はしていません）。また生理最終日にコンドームをつけていましたが、最後に抜くときにコンドームが三分の一くらいまでしか覆えていない状態で、はずれかかっていました。精子はコンドームの中に収まっており、漏れ出た形跡も見当たりませんでしたが男性器は湿っていました。生理中だったこともあり、そのときは多分大丈夫だろうとそのままにしておきましたが、あとから考えて不安になってしまいました。今日産婦人科に行ってみましたが、アフターピルを飲むかどうかは自分で決めてくださいと言われ、妊娠の可能性はおそらく低いものであるという自分の予想と、高い金額を考えて結局諦めてしまいました。まだ、ピルは明日の朝までには、二回目のセックスの分はギリギリで購入できますが、購入するか悩んでいます。どうすべきでしょうか。ちなみに生理は30日前後の周期で毎月来ます。

避妊についての相談です。避妊に失敗し、13時間後にアフターピル（ノルレボ）を服用しました。それから腹痛と眠気がずっとあり、今朝から微量の生理より鮮やかな色の出血が続いています。これは消退出血もしくはそれの前兆とみなしても大丈夫でしょうか。性交から6日なので着床出血には早いのではと思いつつも不安を拭えません。性交は〇月〇日で、前回の生理は〇月〇日から4日間で、生理周期はよく分からない。

　コンドームが破れてしまいました。中には出していません。大丈夫だと思うのですが、もしもの時のために病院に行った方が良いでしょうか。教えてください。

4）妊娠継続か中絶かの葛藤

　妊娠がわかった女性が、自身に課題があり、出産と中絶の選択に行き詰まっていることが相談されている。中絶で命を終わらせることへの罪悪感と、親になれないあるいは自信がないと葛藤する様子が詳しく書かれている相談が多い。当事者たちは、「自分の体に宿ったのは命、その命は絶つことができない、中絶の決心がつかない、どうしたらよいか分からない」と相談している。

　「出産すべきか中絶すべきか考えている、迷っている」との内容には、女性本人は出産を希望しているものの、パートナーが出産することを反対している、あるいはパートナーとはすでに離別したと書かれているも

のがあった。一方、パートナーの明らかな反対では無く、パートナーや夫婦に借金などの生活の課題があるため「出産は難しい」とするものもあった。例えば、妊娠が判明した当事者が、「出産を選択したいが、様々な状況から中絶も考えなければならない事態になった、しかし中絶というステップに簡単に進めない」との思いが述べられていたり、「自分は産みたくてあきらめられない、しかしシングルマザーになる自信はない」との思いが述べられていたりする。また、妊娠したため結婚する予定であったものの、その後離別し、パートナーの無責任さに対する怒り等が述べられているものもあった。

　妊娠が判明した後、向き合うべきこと、決めるべきことが多く、いずれも時を置くことができないため、苦しんでいる様子が相談の文章から伝わってきている。妊娠の判明、継続か中絶かの決定、こうした中でパートナーと衝突したことを記し、「悲しく、時の早さについていけない」との相談などもある。またさらに、信頼関係が無くなりかけているカップルに妊娠が判明し、女性の方は、命が大切だから中絶したくない気持ちがあるが、相手とやっていく自信がない、との思いが書かれているものがあった。また、中絶には罪悪感があるものの、家族に課題があるため子どもを産んで育てることは難しい、この妊娠をどうするか迷っているとの相談があった。多くは産めないことは分かっているけれど、中絶という残酷な選択には踏み出せない思いが綴られている。相手との葛藤では無く、「仕事などやりたいことがあるので産みたくない、しかし相手は産んで欲しい」と自分のキャリアとの葛藤が綴られた相談もあった。

以下は当事者の相談である。承諾を得て、内容を損なわないよう加筆修正したり、創作を付記したりしたものである。

　はじめまして。1人で抱えきれなくて、ここに相談させていただきます。私は複雑な家庭で育ちました。高校入学と同時に母が再婚しましたが、その相手の方と上手くいかず、精神的に追い込まれていました。高校も中退する事になって、彼氏の家に住むようになりました。そして今は彼のお母さんが借りてくれたアパートに住んでアルバイトで暮らしています。彼とは別れていますが、それを自分の家族に内緒にしています。彼のDVで私から別れてほしいと言いました。同居人になってからも、そういう行為を強引にされる事も何度かありました。そして今、妊娠が発覚しました。私は彼とこれからの人生を歩んでいく気はないです。中絶は嫌ですが、経済的にも将来的にも彼との関係的にも、そうせざるを得ないのではないかと思っています。彼は私の事がまだ好きみたいです。「俺が幸せにする」など言ってきますが、過去のことがあるので信じられません。信じたくもないです。中絶を選んだ場合、やはり後悔を抱えて一生引きずって生きていくことになるんでしょうか。怖いです。助けてください。

5）中絶をしたい、具体的相談

　妊娠検査薬等で妊娠が判明した、中絶を決定していると言う女性は少なくない。中絶を決めているものの問題があり相談されている。中絶費用がなくて中絶できずに困っているとの相談が最も多い。「妊娠中期の中絶には出産一時金がもらえる、どこに行ったらいいのか」との相談も寄せられている。費用がないと述べる当事者たちの中には「妊娠が分かって相手に連絡を入れたら相手と連絡が付かなくなった」や「費用を負担して欲しい、どうしたらよいか」「親に知られたくない」と述べる人もあった。お金がないことに加え、レイプで妊娠したと書かれたものもあった。

　次に多いのは、「中絶手術の一連の医療処置がわからないため不安である」、「中絶する際には身体や精神面にどれくらいの負担がかかるのか」や、「検診から手術までの期間はどれくらいかかるのか」などの相談が寄せられている。中絶という手術自体に対する恐怖などを説明し、「中絶が受けられない、怖くてたまらない」と綴られる相談もあった。中絶を決定した女性が、自分の感情のコントロールが難しくなってきていて、その悲しい心境と手術に対する不安の思いを長い文章で綴られていたものもある。

　未成年の当事者の相談では、中絶することはパートナー以外には「誰にも言えない」と多くが述べていた。「親に言えない、未成年は親の同意書がないと中絶は出来ないのか、どうしたらよいか」との質問や、「親に知られずに手術が受けられるか」などの質問が多かった。

　一方、パートナーが自分には覚えがない、自分の子どもではないなどと責任逃れをしている状況が書かれ、「会ってくれない」と述べられたものや、ＤＶ等で相手に会うのが恐ろしいなどの理由で中絶手術の同意書

を貰うことができない、「どうすれば中絶手術を受けられるか」と深刻な相談が寄せられている。

　中絶ができる内服薬があると言う情報を得て、自分の中絶に、「手術では無く中絶薬を試しても良いか、どういうふうに使用するのか」との質問があった。これらの他に、「無痛中絶をしてくれる医療機関を教えて欲しい」や、「妊娠し早急に中絶をするつもりであるが、気分が悪く、妊娠したことが職場の人にばれないか不安でどうしたらよいか教えて欲しい」との相談があった。

　以下は当事者の相談である。承諾を得て、内容を損なわない範囲で加筆修正したり、創作を付記したりしたものである。

> 　私は最近まで風俗をしていました。そこで中出しをされてしまいアフターピルを72時間以内に飲んだのですが3週間たっても出血が起きず、その3週間の間に生理予定日も含まれていたのですが、生理も来ず検査薬を使ったら陽性反応がでました。私は貯金もなくて中絶費用がありません。なにか方法はありませんか。

> 　私は以前妊娠したとき、その彼とは連絡がつかず、一人で育てるか悩んでるうちに中絶できる期間を過ぎてしまい、出産したものの、養子縁組にお願いしました。今でも赤ちゃんを見ると思い出して落ち込むことが多いです…しかしまた妊

娠してしまいました、今の彼は借金があり、別れた方が良いと思います…早く決めないといけないけど、お金もないし。

　日曜日に21週での中絶をすることになりました。妊娠がわかったとき、喜べなかった自分もいて、彼も会社のゴタゴタがあり、結婚や出産はお互いに考えていませんでした。急ぎの手術のため、出産育児一時金制度の直接支払制度を利用することにしたのですが、精神的な理由と直接支払制度を利用する理由をどう繋げたらいいのかわからず悩んでいます。

　妊娠をしてしまいました。親とも話し合い、堕ろすことに決めたのですが、父親がはっきりしていません。該当する人は2人います。

　何度か話し合いをして今日手術をする予定だったのですが、手術をするためには同意書が必要で。その同意書には必ず相手と相手の親のサインと印鑑が必要になります…ですが、当日になって「サインはしない」と言い、今日の手術はできなくなりました。現在○週○日ほどです。ここからどうすればいいのかわからないです。どうすればいいでしょうか。

現在妊娠していて、〇月〇日に中絶手術をする予定です。別れた元彼の子供です。SNSのカカオトークでやり取りをしていて、妊娠が分かってから何度も電話を入れ、メッセージも入れたのですが反応がなく、しまいにはブロックされたので、昨日会いに行ったのですが、インターホンを何回鳴らしても、ドアをノックしてみても応答がなく、わたしが持ってた紙に「妊娠した。中絶手術するから同意書サインして」と書きポストに入れました。そしたら一時的にブロックを解除したのか、「相手との連絡がつかない場合は同意なしでも医者に『連絡が取れない、住んでるとこも知らない』って言えば手術できる」という文が来たので、すぐ返信したのですが、相手がアカウントごと消したみたいで連絡手段が完璧になくなりました。家に行き、インターホン鳴らしたり対応しても出てきませんでした。同意書は、病院を受診したときに聞いていたので、前日までに事情を話せば考慮していただけるのですが、手術費用が約20万かかるので。全額とは言いません、でもせめて半分でも出してもらいたいです。こういう場合はどうしたらいいのでしょうか。

2．中絶後の心身の不調

　中絶後の身体の不調が訴えられた相談は少なくない。「中絶後○週間経っても出血が続いている、どうすればいいのか」や、中絶手術を受けて○週間経つが、下腹痛がある、下痢が治まらない、などの症状を説明し、「中絶のためか、薬の副作用か精神的なものか」などとの質問もある。中絶後数週間が過ぎた時に、自分で妊娠反応をしたら陽性であったと述べ、「この結果の意味はどういうことか」、「中絶後体調が悪いのは細菌感染では無いか」、「中絶後母乳が出てきているどうしたらよいか」などの質問があった。

　中絶後の心理的な不調の相談が最も多く寄せられ、どれも重篤な状況と判断されるものばかりであった。精神科に通院しているという当事者や、精神的なダメージが大きく働くことも出来ないと苦しみを訴える人もいた。「中絶後数ヶ月以上経過しても、ふとした時に涙が出てくる」、「病院の前を通るだけで手足が震える」や、「中絶後落ち込みつらい」と訴え、自分の身体からいなくなった子どもを思い涙を流している状況が綴られている。母親になりたかった、妊娠や妊婦の話が耳に入ったり、見かけたり、あるいは妊娠についてサイトを閲覧していると、猛烈な吐き気に襲われる、悲しみや不安や恐怖でつらい、気持ちを聞いて貰いたいなどの内容が寄せられている。自分の状況を切々と綴り、「中絶に関する無料または安価で定期的に参加できるピアサポート

団体、自助グループ等を教えて欲しい」とする相談は複数あった。

　中絶後、精神的な問題を抱えている当事者の中には、「レイプされて妊娠した」と述べる人がいた。また、相談内容から相手との関係が読み取れるものがあった。当事者自身はDVに気づいていないものの、相談員から見たらDVと判断されたものは少なくない。妊娠した後、相手が既婚者だと分かり「だまされていた」と悔恨の心情が述べられたものがあった。一旦は妊娠に喜んでいたが、相手から「やっぱり結婚できない」と言われ、中絶後別れその悲しみの中にいることが切々と述べられたものがある。中絶手術に同行してくれなかった悲しみを述べるもの、中絶後相手に、「別れて欲しいと言ったが、脅しに合う、どうすべきか」などの相談があった。さらに、相手は中絶後のつらい気持ちが分からなくて、「自分はつらいこれから相手とどうすべきか」との相談が寄せられていた。いずれも長い文章で綴られている。

　すでに終えた手術の費用について相手との交渉が進まないとの相談も寄せられている。それは、「相手は『払う』と言っており、その後中絶を受けたが、その相手は払ってくれない」、「中絶後費用の半分を払って貰いたいが相手と連絡が取れない」などの相談である。相手は『自分の子だという証拠が無い』と言う、中絶後であるため証明する手段が無く、費用の支払いを求めても話が進まない」、などの相談もあった。

　以下は当事者の相談である。承諾を得て、内容を損なわない範囲で加筆修正したり、創作を付記したりしたものである。

○月○日に中絶手術を行いました。未だに下痢が治りません。これは薬による副作用ですか？精神的なものでしょうか？中絶後２週間たった○月○日に、お風呂に入ると左脇腹が突然痛くなりました。これは何か中絶手術と関係あるのでしょうか。

　精神的にきついです。26歳の時中絶し、その後出産２回しました。中絶後の妊娠について答えてください。17歳の時知識がなく、２度中絶してしまいました（相談当時20代後半）。

　私は最近妊娠10週０日（３ヶ月）とわかり、妊娠中絶手術を行いました。妊娠の原因となった時の性行為は、私の同意はなく、嫌がり、避妊を求めましたが、聞き入れてくれず、そのまま性行為を続けられてしまいました。私の同意がなかったことは、相手も認め、手術費用を全額払うと約束し、当日は私の貯金で立て替えましたが、お金については後日連絡するからと約束してくれました。しかし、１ヶ月待っても連絡は来ず、こちらからLINEをしたところ既読もなく、電話も繋がりませんでした。今も連絡がきません。私は大学生なので、手術費の負担は大きく、将来に響く大きな試験の前ですが、バイトを辞められなくなりました。もう男性のことを信用することもできなくなりました。周りには心配をかけたくないため、親にも誰にも相談はできず、普段は明るく振る

舞っていますが、1人になると自然と涙が出てきます。自殺を考えた時もありますが、それ以上に逃げられたことが悔しくて悲しくて死んでも死にきれません。結婚も出産も夢だったのですが、男性が怖くて、信用できなくて辛いです。彼が憎くて、自分が情けなくて、どうしようもないです。心が痛いです。心がなくなりそうです。

　レイプされ妊娠して中絶してしまいました。1ヶ月以上たって、毎日泣いて後悔と欲しかった赤ちゃんを諦めた悔しさで自分を責めても責めきれません。…あの時は中絶しか選べれませんでした。今になって、失った悲しさが込み上げて来ます…前回中絶してから、「もう1人は絶対産む！」と決めて体調整えてきたのに…こんな私でもまだ産みたいと思ってもいいですか、最低ですね（20代既婚者）。

　私は○日に中絶手術を受けました。今、○歳（10代）で、妊娠反応が陽性が出て、病院で診てもらった時も喜ぶというよりどうしようと不安でたまりませんでした。でも病院で見てもらう度に大きく成長していて「とても産みたい、育てたい」という気持ちが大きくなりましたが、彼には「どうしても堕ろして欲しい、これからも一緒にいて責任取るから」と言われ、2人を選んでくれてお腹に来てくれた事は奇跡なのになんでこんなにも喜ばれないで殺すことを簡単に言うんだろう

とずっと悩みました。しかし、病院で「堕ろすなら時間がない」と言われ、結局自分以外からは必要とされてないなら可哀想でも１人で育てる勇気もないと思いぎりぎりで手術する事を決断しました。しかし手術後になんでこんな事したんだろうという思いが強くなり彼にも文句を言ってしまいました。そしたら「俺はどうすれば良いかわかんないよ、もういいから」と言われ連絡も無視されました。それから、「もう新しい彼女も出来ていて、一緒にいる」と言ってきました。「責任とる、赤ちゃんの事は忘れない、申し訳ない気持ちでいっぱい」と言っていたのに、結局何一つ守らず彼は今まで通りに何事も無かったかの様に生きていくんだと思うと本当に悔しくて、そんな人の事を信じて赤ちゃんを殺した自分も許せなくて本当に毎日赤ちゃんの事を思い辛くて、同世代の人の幸せそうな妊娠の報告等を目にすると、なおさら辛くて病院で頂いたエコーの写真も捨てられず、「できることならもう１度赤ちゃんに帰ってきて欲しい」という気持ちが大きくなってます。赤ちゃんの事を思い出すともう生きているのが嫌になるくらい辛くなって、でもせっかく宿ってくれた命を忘れたらいけないと簡単には前に進めなくて本当に私はどうすれば良いのか分からなくなってしまいました。

　前に付き合っていた彼はヒステリックな面が多々あり、モラハラと強い束縛をする男性でした。バツイチ子持ちで前妻に養育費を払っていました。その彼は私を巻き込み結婚は破

局にまで至りました。離婚をさせてしまったという罪悪感が湧き始めた頃、妊娠してしまい、それは高校卒業前で、「どうしよう」と伝えると、「あなたの好きにして」と言われてしまい、その無責任さと安直な物言いにひどく落胆と軽蔑をしました。産みたい意志は強くあったのですが自分の母親に説得され、中絶の申込書に泣きながらサインをしました（２年前）。母親も中絶をさせてしまったと罪悪感を感じているようで私は自分の子を自分の手で殺すサインをしてしまった後悔と罪悪感、母親に辛い想いをさせてしまった事全てに責任と重みを感じてしまい今でも苦しくなります。周りの友達が子どもを産む中、私は１人喜べず応援も出来ず、ただひたすらにその友達が憎くて妬ましく思ってしまい、喜べない事も嫌になります。母親は次は絶対に産んであげようと言ってくれますが、次こそはと思えば思うほど産んであげられなかった子への申し訳なさと、まるでないがしろにしてしまっている様な気がしてしまって、もう、どう立ち直ったらいいのかわかりません。誰にも言えずにいてとてもつらいです。今の彼が本当に好きです。だからこそこの気持ちをどうにかしたいのですがどう自分の中で消化していったらいいのでしょうか、もっと時間が立てば解決してくれるのでしょうか（20歳）。

　仲良くしていた男性から、レイプされて…それ以上手を出されないために静かにしてるほかありませんでした。その時パニックになっていて冷静に病院で体液調べるとかアフター

ピルとかの思考に至らなくて、それから妊娠が発覚し、相手に伝えたところ謝罪もなく中絶費用すら払ってくれなくて同意書に署名だけしてもらい中絶をしました。警察には「なんでピルを飲んでなかったのか、なんですぐ病院で診てもらわなかったのか」逆に私が責められ、遠まわしに「泣き寝入りしなさい」と言われました。それからしばらく鬱になって精神科に通いました。忘れたことはなかったけど誰も助けてくれないし弁護士の着手金払えるお金もなかったので必死に忘れたふりをしてましたが、最近になって相手の男性から「もう忘れてるだろう許されてるだろう」というかんじで、「また仲良くしよう」みたいな連絡がきて、蒸し返して「お金とかは払ってくれないのか」と聞いたところ、同意書に署名したのに「中絶したこと知らなかった」とか、「俺から金取ろうとするなんてどんだけ自分が可愛いの？」と言われまた音信不通で。

　私には〇歳になる子どもがいます。今日、私は妊娠し〇週で中絶をしました。私は働いてませんが、旦那の給料でやって行けるはずでした。ですが中絶を選びました。理由は、旦那のギャンブルです。それに、協力性がありません。私が体調悪い時も動かされます。靴下のような小さなものまで持って来させられます。娘が転んで頭ぶつけちゃった時も、旦那は側で動画鑑賞、私は家事。「なんで見てねーんだ、側にいて何やってるんだ」と怒鳴ります。娘が泣くと「何やってんの

よ、ちゃんと見ろや」。ギャンブルが出来ないと物を投げられたり怒鳴られたり、そんな経験をしました。具合い悪くても優しい言葉もありません。今の娘もろくに見ない、今現在の生活状態考えた上で中絶をしました。中絶手術後、帰宅。居るはずの旦那と泣け無しの生活費がありませんでした。パチンコです。帰ってきましたが、私は術後の出血やらで、旦那にかける言葉さえありませんでした。旦那からは「目覚ましかけてくれ」でした。悲しくなりました。産まれてこなくて正解だよと思う半面、罪悪感でいっぱいです。

3．インターネットを介したトラブル

　出会い系サイト、SNS など、インターネットを介したトラブルにあって、相談した当事者はかなり多い。性暴力被害を受けた加害者との出会いがインターネットを介したもので、SNS、趣味のネットサイト、出会い系サイトで知り合い強制的に性行為をされたとの相談である。インターネットを介して知り合った相手に、「食事に誘われ車で寝ていたら、知らない部屋に連れて行かれた」や、「ホテルに連れて行かれた」、「自宅に来てくれと言われ行った」、何れもその後望まない性行為に至ったため相談されている。被害を訴える当事者達たちにほぼ共通する点は、恐ろしさのあまり、激しい抵抗は出来なかったことである。性暴力とは言えないものの、SNS、出会い系サイトで出会った相手と性行為をした、性行為自体は暴力的なではなかったものの、時が経ち、それがトラウマになり精神科に通院中で苦しみを訴える相談もあった。

　また、インターネットを介して出会った相手との間で妊娠したが、「妊娠が分かって連絡をしたが連絡が取れない」や、「本名や連絡先がわからない」、「費用の交渉に応じない」、「自分の子どもでは無いと否定する」、「中絶同意書へのサインを拒否する」、などがあった。いずれも中絶手術が受けられず困り相談されている。

　「告白され交際を申し込まれたが断った、しかし相手が LINE でしつこく連絡してくる」や、「交際相手に性交中の動画を撮られた」、「裸など

性的な画像を強く求められている」、「性行為の際同意していないのに『ハメ撮り』をされ、困っている」などの相談があった。これらの相談の加害者は交際相手で、「何度も拒んだが怖くてそれ以上言えなかった」と当事者は述べていることが多いが、「やめさせたい、どうしたらやめさせられるか」との相談もある。

　さらにインターネットを介したトラブルには、「デートDVのため離別したが、別れた後LINE、SNSでつきまとわれて困っている」との相談がある。「離別後もSNSに誹謗中傷を書き込まれ脅されている」、「怖いどうしたらよいか」との相談があった。「『性行為中の動画をネットに流す』と言われ、動画や写真の漏洩が不安で別れることが出来ない」との相談もあった。「SNSは学校の仲間とつながっているためブロックすることは出来ない」ということも述べられていた。

以下は当事者の相談である。承諾を得て、内容を損なわない範囲で加筆修正したり、創作を付記したりしたものである。

> 別れた人から、しつこく連絡が続いています。LINEで始まり無視していましたが鳴りやまないため対応しました。発言がすごく不透明でよくわからない。怖くなり、LINEブロックSNSブロックをしましたがグループLINEからしつこく連絡があります。シカトを続けたら今度は電話がきました。別れる前に1度、DV（精神的DV）ということで、相談電話を専門機関にし、「早急に離れるように」とのことで離れています。その頃はSNSでいろいろ書かれており。今回もいろ

いろ書かれ「〜最終手段にでます。」とツイッターに書いてありました。流石に怖いのでなにをこれからどうしたらいいのかわからなくなり参っています (20 代前半女性)。

　掲示板、掲示板のサーバの管理会社には私から削除申請を何件も出しています。ですが、3日〜2週間お待ち下さいという事に加え、個人情報という点に抵触しないため削除は難しい状況かもしれない状態です。

　ある男性に金銭を要求され、私は風俗を始めました。その男性からのデート DV に何度も体を壊しながら、でも離れられずにいました。でも昨年末限界が来て離れることにしました。金銭もストップしました。先日、仕打ちに耐えかねてインターネットの掲示板に、「こんなことをされたから気をつけて」という書き込みをしてしまいました。すると、彼から電話で「そんなことをして死んでも追い詰めるから楽しみにしてなよ」と言われ、現在一日数十件連絡が来ています。私は安定剤をたくさん飲まなければ生活出来なくなり、おう吐と発熱と、彼に対する拒絶反応でずっと具合が悪いです。その旨を伝えても一日数十件の連絡が来ます。金銭に関しては返す気は無いそうです。前に手書きのメッセージを送ってと言われたので送ったら「それが一筆書かせたことになる、自分に返す義務はない」と、彼は言っています。しかし、私の住所、電

話番号を教えた上で和解とするというメールが来ました。和解につき私は彼に住所と電話番号を教えるべきなのでしょうか？もう疲れました。一秒でも早く彼の番号を拒否したいです。

　その時にケータイでフラッシュをたいたのがわかったんですが、相手の人は撮ってないと言ってたのですが、確実に撮ってるだろうと思って怖くなって相手の人をブロックしていました。そしたらついこないだその人の友達と名乗る人から「あなたのハメ撮り画像を見ました」とトークがきて「顔が写ってるかとかネットにあげられてないか」とききました。そしたら顔ははっきり写ってたみたいでした。辛うじてネットに挙げられてなかったのは幸いです。ですがその人の友達と名乗る人を通じてその人と話し、「お前が家でやらせてくれると言ったのにやらせてくれなかった、嘘つかれたからイラついたから、ハメ撮り画像を売る」と言われました。もちろん私は家でやらせるなんて一言も言ってません。それでどんな画像が知りたくてその人の友達と名乗ってた人に画像を要求したのですが「画像をもらうのに一万円払わなきゃいけない」っていうことでした。「普通、友達から金をとるはずがない」と思い、その人本人なんじゃないかと思ってきました。それでLINEをやってるか聞いたのですがそれっきり返事が来ません。どうしたらよろしいでしょうか。警察に無料相談のメールを送ったのですが電話で詳しく聞かせて欲しいと言

われたのですが授業とかぶっていて連絡ができません。夜や休日だと警察官の対応となってしまうので電話をしたくないという考えもあります。またこのことを親や学校に知られたくないのであまり警察署には行きたくないですどうすればいいですか（10代）。

4．配偶者からの暴力
（ドメスティック・バイオレンス、DV）

　寄せられた相談の中には、パートナーから暴力を受けているとする相談があり、そのうち、暴力の加害者が、「夫」、「主人」、「旦那」、「ダンナ」などと記載があったものは配偶者からの暴力（DV）と判断し記している、こうした相談は40件あった。相談には、どういう暴力をうけているかが詳しく書かれているものもあるが、単に「夫／ダンナ／主人から暴力を受けている」とのみ書かれ、具体的な内容が把握できないものもある。

　ＤＶに関する相談には、暴力の内容が詳細に書かれていたり、自身の苦しい思いや質問したいことなど、多くの内容が書かれていた。ひとつの相談に多くの内容が含まれていたため、本項で件数を示した箇所は重複している。また相談を書いた人が、当事者本人ではなく、当事者の姉、友人ということもあった。相談件数等のカウントや本文を述べるにあたり当事者に置き換えて述べている。

1）当事者の背景

　我々がメール相談のサイトで受けたDVの相談は40件あり、年齢などは不明な人が多いが、書かれた内容からわかるものは整理した（推測を含む）。年齢、職業等、配偶者の年齢、子どもの有無、結婚後の推定年数について表に記した。

(1) 年齢

　年齢は不明な人が多いが、年代は20歳未満から50代以上まで幅広く、最も多いのは30代である。

(2) 社会背景

　相談内容から当事者の職業等の社会背景を推測できたものをまとめると、正社員・派遣社員、専業主婦いずれもある。多くは不明であるが、最も多いのは専業主婦である。

(3) 配偶者の年齢

　相談内容から配偶者の年齢が推測できたものをまとめている。わかったものは、20代1名、30代3名、50代は1名であった。多くは不明である。

(4) 子どもの有無

　相談内容から当事者夫婦に子どもがいることが分かったものがある。26名の当事者に子どもがいることがわかった。

(5) 結婚後の推定年数

　25人は結婚後の年数は不明であったが、分かるものがありまとめた。1年未満1名、5年未満5名、5年以上1名、10年以上は8名であった。長期間DVを受けている人は少なくなかった。DVを受け始めたのは、結婚後いつからかについては明確な記載がなく、当事者がどのくらいの期間苦しんでいるかは不明である。

配偶者からの暴力に関する相談を寄せた人（総数40名）

相談者の状況、相談内容等		人数
年齢	不明	16
	20歳未満	2
	20代	7
	30代	10
	40代	4
	50代	1
社会背景	不明	16
	生徒または学生	0
	正社員・派遣	7
	専業主婦	16
	家事手伝い・病気療養中	1
配偶者の年齢	不明	35
	20歳未満	0
	20代	1
	30代	3
	40代	0
	50代	1
子どもの有無	不明	10
	あり	26
	なし	4
結婚後の推定年数	不明	25
	1年未満	1
	5年未満	5
	5年以上	1
	10年以上	8

2）DVの状況

　寄せられた相談からは当事者たちがどのような暴力を受けているかが分かり集計した。叩く、蹴るなどの身体的暴力は19件、怒る、言葉の暴力、不機嫌、いら立ち、威圧的な態度を取るなどの精神的暴力は25件あった。

　物を投げる、物にあたる、ペットにあたるは12件あった。また、「家庭にお金をいれない」「借金がある」などと書かれ、経済的な困窮を訴えた相談があった。「夫がギャンブルをする」、「ギャンブルで借金がある」と書かれたものもあった（ギャンブル問題）。家庭を顧みない、家事や育児に協力しないや、性行為の強要、避妊に協力しないなどの性的暴力があった。行動の制限や束縛、浮気を疑われる、態度がコロコロ変わる（優しいときもある）、女性の意見を尊重しないなど具体的に書かれたものがあった。

　DVのある家庭では、子どもに対する暴力（児童虐待）が同時に起こっていることが多いと言われているが、相談に書かれた内容で子どもにとって不適切な環境であると判断された内容があった。子どもの面前での暴言や暴力、「パパ」と子どもが駆け寄っても無視する、子どもへの直接的暴力、子どもの前で性行為を強制するなどである。

DVの状況（重複あり）

内　　　容	件数
身体的暴力	19
精神的暴力（怒る、言葉の暴力、不機嫌、いら立ち、威圧的）	25
物を投げる、物にあたる、ペットにあたる	12
生活費を渡さないなどの経済的暴力	5
ギャンブル問題	2
家庭を顧みない家事・育児に協力しない	6
性行為の強要、避妊に協力しない	9
行動の制限、束縛	6
浮気を疑われる	1
態度がコロコロ変わる（優しいときもある）	5
女性の意見を尊重しない	11
子どもに対する危害（子どもの面前での暴言・暴力、子どもを無視・子どもへの直接的暴力、子どもの前での性行為の強制）	9
配偶者（夫）が浮気をする	2

3）DVを受ける当事者の求める支援内容

　相談の当事者が、どういう助けを求めているか、困っていることは何か、どういう行動を起こしたいのかは読み取れないことは少なくない。「助けて下さい」、「どうしたらよいでしょうか」とだけ書かれていることも多い。下記に説明する。暴力の状況を書き、困っていること、どういう行動を起こすべきかと質問されていることをまとめた。それは次のような内容であった表中に件数を示している。

相談・質問内容（重複あり）

相談・質問内容	説　　　　明	件数
危険、恐ろしいなど	身の危険を感じる、恐い	4
	安心、安全な生活がしたい、逃げ出したい	3
別居、離婚など	別居、離婚をしたい	9
	夫婦生活を持続するのが困難（限界である・疲れた・辛い・苦痛）	6
専門機関など	警察への相談・法的な知識	1
	相談先の質問	3
離婚は厳しい	離婚を考えているが経済的、子供と離れたくないなどの問題がある	7
夫婦関係を維持したい	暴力をさせないために何か出来ることはあるのか・治るのか	4
	反省して欲しい、DVであると伝えた方がいいか	2
	自分が変わるべきか、許容すべきか、我慢するべきか、自分の行いや性格を直すべきか	9
	愛されたい	2
どうしたらいいか	どうしたらいいかわからない	9

(1) 危険、恐ろしいなど

「身の危険を感じる、恐い」、「安心、安全な生活がしたい、逃げ出したい」などである。

(2) 別居、離婚など

別居あるいは離婚を決定しこれから具体的にどう行動すべきかを質問したものが最も多かった。「限界である」、「疲れた」、「辛い」、「苦痛である」などと書かれ「別居、離婚をしたい」、「夫婦生活を持続するのが困難」と述べられていた。

(3) 専門機関など

　警察への相談や法的な知識について質問したものや、自身がどこに相談をしたらいいか、その相談先について質問された内容である。

(4) 離婚は厳しい

　暴力に苦しみ嫌な思いをしているものの、離婚は難しいと書かれたものも多い。その理由は主に「経済的に自立できない」、「子どもと別れたくないから」などが書かれていた。

(5) 夫婦関係を維持したい

　夫婦関係を維持したいとの内容は少なくなかった。「自分の行いや性格を直すべきか」、「暴力を許容すべきか」、苦しい状況を「我慢するべきか」などと質問されている。「暴力をさせないために何か出来ることはあるのか」や、暴力の詳細を書き「暴力は治るのか」との質問があった。また、夫に「反省して欲しい」と書かれていたり、「『DVである』と夫に伝えた方がいいか」との質問があった。暴力の事実や苦しい心情を述べ、それがDVという事象であることに気づいて、「つらく悲しい」と述べながら「このことに我慢すべきか」、あるいは、「自分の行いや性格を直すべきか」と質問する内容が書かれているものである。夫ではなく「自分が変わるべきか」と質問されたものもあった。

(6) どうしたらいいか

　「どうしたらいいかわからない」と書かれていたものもあった。

4）DVを受ける当事者の相談内容からわかる問題の特徴

　DVを受ける当事者の相談内容から、DV問題の特徴がわかり、説明する。

(1) 自身のつらい状況を書き、その他は特に記述が無い

　様々な暴力の状況を詳細に記述しているものの、相談したいことが書かれていないものは少なくない。

(2) 警察、相談機関を利用した

　DVの当事者は相談をせず、一人苦しんでいる人が多いと言われている。寄せられた40件の相談のうち、「警察や相談機関を利用した」と書かれていたものはわずか1件のみであった。

(3) DVと認識していない（DVかどうか判断して欲しい・自分が悪いのか）

　当事者が様々な暴力を受け「嫌な思いをしている」と述べるのみで、当事者本人がDVであることに気づいていないと判断された相談も多い。身体的暴力を受ける当事者は比較的、「ＤＶがある」や、「暴力を受けているどうしたらよいか」と相談しているが、ギャンブルの問題がある人、「性行為の強要・避妊に協力しない」などを相談した人は、ＤＶであることや暴力であることは認識されていない。

(4) 相談した人が当事者本人ではない

　相談した人が、当事者本人ではない人が3名いた。DVを受けているのは相談した人の友人、姉、子ども（娘）であることが述べられ

ていた。

(5) うつ病・精神障がいなどのメンタルヘルス問題

　DVを受ける当事者にメンタルヘルス問題があると書かれたものは少なくない。当事者の中には、被害を受ける前から精神科、心療内科への通院歴がある、あるいは障害者手帳等を持っている人がいた。一方、被害を受けたため、精神科、心療内科の医療機関で治療を受けている人がいた。またさらに、双方、つまり元々メンタルヘルス問題があり、DVによりさらに悪化したなどの相談もある。

(6) 誰にも言えない・親に言えない・相談できる相手がいない

　DVを受ける多くの女性が、誰にも言えず一人で苦しんでいると思われるが、相談内容の中に「誰にも言えません、助けて下さい」、「誰にも言えません、どうしたらいいでしょうか」と書かれたものは5件あった。

(7) 妊娠・出産・中絶に関連する相談

　DV相談の中に、妊娠に関連する内容が書かれたものは1件あり、中絶を受けた悲しみとともに、夫からの精神的暴力、経済的暴力の状況と自身の苦しい状況が詳細に述べられていた。

DVを受ける当事者の相談内容からわかる問題の特徴

自身のつらい状況を書き、その他は特に記述が無い	12
警察、相談機関を利用した	1
DVと認識していない（DVかどうか判断して欲しい・自分が悪いのか）	15
相談者が当事者本人ではない	3
うつ病、精神障がいなどのメンタルヘルス問題	6
誰にも言えない、相談できる相手がいない	5
妊娠・出産・中絶に関連する相談	1

以下は当事者の相談である。承諾を得て、内容を損なわない範囲で加筆修正したり、創作を付記したりしたものである。

> 主人を怒らせると、ねこに暴力振るわれたり、私を全裸にさせて外に出したり、髪の毛を掴んで引きずられたりします（10代）。

> 主人（30代）の性格、神経質で一度気になったら気が済むまで執拗にやり続ける、その為には手段も選ばず、妻も子も顧みない、子育て（1歳児）も関係なし、子どもの前でも苛立ちの感情を露わにします。暑かったので夜、網戸にして風を通していたら虫が大量に部屋に入って来たんですが、晩御飯の用意と子どもに御飯を食べさせていたので気付きませんで

した。そのことで主人は怒りが爆発し、その後、部屋中めちゃくちゃにしながら掃除機で壁や天井の虫を２時間以上吸い続けました。その時掃除機を床に投げつけたり机や椅子を蹴ったりしてたので、それが余りに怖く子どもと２階に避難しました。子どももご飯の途中だったのですが、再びご飯を食べる気になれませんでした。これが初めてではないのですが、今回今までにない恐怖を感じました。主人はよく自分がイライラとしていると周りのことを無視して自分の気が済むまで発散する傾向があります。そういった時は、思い切って無視するか強く抗議するかで乗り切り、主人の気が落ち着くのを待っています。今夜は子どもがしっかり見ている前で苛立ちを見せつけ、モノにも当たり、子どもが「パパ」と駆け寄っても無視したのを見た時、この人と歩み寄れることは今後もしかしたらないのかもしれないと思い涙が出ました。

　食事の用意は毎日もれなくしているにも関わらず、食事が何もないと（冷蔵庫にあると伝えたのに）また怒り、勝手に出て行き外食をします。普通考えたらご飯があることなど想像つくと思いますが、私のことについて何も思いを馳せることなどしていないかを感じ悲しかった…こういうことは、私の中でおさめておいていいことなのでしょうか相談先がありません親にも言えません助けてください。

10年以上前から心療内科に通っています。眠れない日などに睡眠導入剤を使用して寝ます。先日、眠剤を服用した翌日に性行為をされた形跡があり、主人に「どういうことか」と言ったところ「そういうことだ」と言われました。何年か前にも同様のことが何度かあったのですが、当時は現在よりも精神状態が悪く鬱状態が続いていたので、自分がこんなだからと負い目しかなく、黙っていました。必要なところだけ脱がされて、目が覚めたときには性行為があった痕跡だけ。わたしは「道具」なのかと思います。継続してなくても、自分で眠剤を服用しても、これはDVに当たるのでしょうか。人間として尊敬できず、現在は同じ空間にいると頭痛がひどい状況です。別居か離婚をしたいと考えていますが、高校生と中学生の子どもがいるのでなかなか踏み切れません。

　結婚2年目で、夫は仕事が忙しく、夜中や朝方になる事も少なくありませんでしたが、生活の為一生懸命働いてくれていると思い、私から仕事中に連絡する事もなく、うるさく言ったりもせず、思いやりを持ち明るく勤めてきました。しかし、それを利用され、仕事と偽り掛け麻雀へ行っていることが幾度とありました。それからは、今まで感謝していた気持ちから束縛の強さに苦痛を感じる様になりました。実際お店にも出向いてスタッフと話しましたが、名前を言わなくても誰だか分かるくらい通い詰めていました。私が朝まで不安で心配で心細く、眠れず泣いていた時間に。元々、心療内科

に10年程通い、入院もしていましたが、結婚前に症状も良くなり薬の服用無しでも安定し、病院にも通院せず生活が出来ていたのに、また症状が悪化し以前の病院へ通っています。とにかく、縛り付けられた生活では身動きが取れません。私自身、仕事はしていません。仕事を見つけても却下されるからです。門限は17時だとか、GPSでも管理されたり、実際に探しに来たりもします。友達は全員切られました。結婚式には、私の参列者は両親、妹だけでした。私が結婚前に飼っていた犬は夫の両親に引き渡されました。私の意見や話は無視されます。決めるのは自分だから私の意見は関係無いそうです。子どもはいません。自分の仕事をいつのまにか変えていました。それも相談無しです。これらの事、仕事と偽り麻雀してる事が発覚する前は目を瞑っていましたが、子どももいないのにこんなに縛られた状態では私が私らしく生きられず、楽しみも生み出せない気がしています。精神的にも、行動的にも束縛されるのは、DVには当たらないのでしょうか？

私や私の妹弟、母は過去に父親から酷い暴力や虐待を受けており、私が何か問い詰めることでまた暴力を振るわれるのではないかという不安があります。私は父に「あなたのやっていることはいけないことだ」と説明したとして素直に聞き入れて貰えないのではないかという不安もとても大きいです。このような状況で私に何か出来ることはあるので

リプロダクティブ・ヘルスの問題

しょうか？是非ご教示下さい（20代の子どもより母のDVの相談）。

　結婚したばかりの女性です。主人とは3年間お付き合いをしてそこから結婚に至りました。3年間はずっと同棲をしており、付き合って1年半ごろで妊娠をしました。その時私はまだ学生で産みたかったのですが主人も堕してくれとのことで何度も話し合いをし、いけないこと、最低なことですが堕してしまいました。そこからいろいろあって結婚することになったのですが、籍を入れる半年くらい前から喧嘩の時に手をあげられるようになりました。毎回ではありません。私は幼いころから怒られた時に笑ってしまいます。笑いたくなくても笑ってしまい、自分ではどうしようもできません。最近テレビでそれが病気だということを知りました。主人は私が怒られてる時に笑うのがイヤみたいで、誰でもイヤだとは思いますが、わたしも笑うのが止まらなくて辛いんです。それを伝えたところ、「俺が治す」と言って、笑った時は殴られるようになりました。1番最初に手を出された時は怖くて震えが止まりませんでした。けど怒られた時に笑うわたしが悪いんです。だから主人が正しいと思いました。しかし、今晩の喧嘩は、笑ってないのにボコボコに殴る蹴る、をされました。主人いわくヘラヘラしてたそうです。今までは腕だったのに今日は頭でした。びっくりしたし、「もう暴力はやめて」って叫んでも、「お前が悪いのによく暴力やめろとかいえるよな、

お前をなおしとんねん、お前性格悪いねん」とか、「性格悪いのが顔に滲み出てる」とか「結婚したことを後悔してる、カス！ボケ！」と言っています。普段は暴力はしないけど、男尊女卑的な考えがあり、女は男を立てるのが仕事、女は黙って男に従う、家のことは女が全部すると思ってるので家事は一切手伝ってくれません。自分が悪いのに暴力を振るわれて「DV、DV」って言う女が1番嫌いだそうです。私は殴られてもDVとは言いませんし、怒ってるのに笑われてイライラする相手の気持ちもよくわかります。よくわかりますが、暴力で返すのは違うんじゃないかなと思います。主人が言うには「口で言って治らないから暴力で教えるしかない」そうです。私の治すところはどこでしょうか？口答えしないように気をつけるし、言い方とかにも気をつけようと思います。しかし笑ってしまうのはどうしようもできないんです。このまま笑って暴力、笑って暴力の繰り返ししかないんですかね？私も堕した時から後悔しかしてませんし、その上、体の調子が悪くなっていって、仕事も忙しい、仕事から帰っても家での仕事がある…みなさん当たり前にやられてることですが、最近ほんとにしんどいんです。全部がしんどいんです。主人といたら楽しい時もたくさんあります。辛いこともあります。乗り越えていきたいんですけど、乗り越えれるか、このままこれの繰り返しか、不安でなりません。主人は怒ってる時とか、思ってもないことを言ってしまったりします。「死ね、カス」とか、私に怒った時の口癖になってます。解決策は私が病院に行って笑うのを治す、そして主人に口答えしな

い。これしかないと思うんです。笑わなくなったら暴力はしてこないのか、それとまた理由をつけてしてくるのかわかりませんが。相談というよりは、誰かに聞いて欲しかった。

　私は精神障害一級。主婦。朝起きられなく、肩が痛くて洗濯干しができず、夕飯も、夕飯も簡単な物ばかり。一番は片付けができずゴミ屋敷状態。主人がきれて、暴れ、更に足の踏み場もなくなりました。止めるために掴んだ腕はたたかれ続け、倒され、踏まれました。逃げるなら子どもたちを連れていきたいけど、こんな母親では児相に連れていかれるかもしれない。経済的な事もあり、どうしたら良いか。また、私が働く事を嫌がります。「何のためにここにいるんだ、洗濯も片付けもしないで！」と子供たちの前で怒られ、朝が来るのが怖いです。主人が寝たら、連れて逃げたいけど、そんな事したら余計怒るだろうし、実家とも上手くいっていないのでたよれず。泣いていればいつまで泣いているんだと怒られ、震えが止まらなくなります。殴られた腕もまだジンジンして、どうしたら良いかわかりません。

　7年前から言葉の暴力、1年前から暴力をふるわれています。その暴力を子どもも見ています。今日はふとしたことで私の態度が気に入らなかったらしく不機嫌で、土下座して床を舐めろ、と頭を踏まれました。頼むから死んでくれと言わ

れながら。明日内緒で逃げたいと思っています。その場合…（逃げる方法の質問）。

　性的DV、モラル・ハラスメントについてです。主人（32歳）は性欲が強く、子どもたち（幼児と乳児2名）の目の前でも要求してきたり、卑猥な発言をしたり、下着の中に手を入れてきたりします。子どもが遊びに夢中になってるから大丈夫とか、それでも真横にいるのに口でしろとか。子どもが起きているのに、トイレで行為をされたこともあります。行為中は、主人は私に謝りながらしていました。その都度、嫌がり子ども達の前ではやめてと言ってきました。夜中でも、下の子が泣き出すと授乳する為に行為ができなくなることも多々あります。主人の帰宅は激務の為、深夜3時前後になります。起きて待っている日や、その時間までに起きられるよう目覚ましもかけたりしています。幼稚園がある為、私の起床時間は6時30分頃なので、それでも眠ってしまうことがあります。行為ができないと、主人は眠れなくなりずっと足でドンドンしたり、物にあったり、あからさまな溜め息を連発したり、グチグチと暴言を吐いています。それで出ていくことや、帰ってもすることがないからと（行為ができないなら）帰宅しなかったり。いつも寝ていた私が悪いと言われ、文句を言いながら頬をつねられたり、お尻や足を叩かれたりします。痣ができるほどではないですし、きっと本人も冗談のつもりかもしれませんが、痛いですし恐怖で動悸がします。仕事で頑張って

いるのだから、私もそのくらい応じるべきなのかもしれませんが、首と腰のヘルニアに喘息が悪化して、肺炎になったり度々病気をしてしまいます。ぎっくり腰になろうが、41℃の熱が出ようが1人で育児、家事をしています。そんな時に、下着に手を入れられたり（子どもの前で）して嫌がるとまた不機嫌になり、上記のような状態に。それがなければ、私達にとって優しい夫であり父なのです。今は溜め息一つ聞こえただけで、涙が出てきてしまいます。何度も話し合いましたが、意味がなく、聞き流されます。私が我慢したらいいだけなので、これはDVとは言わないんでしょうか（20代）。

　何度も専門機関に、お電話を差し上げたかったのですが、着信音が鳴ると、胸が苦しくなり吐き気がするため、メールでお話しする事を、お許し下さい。〇年に、妊娠が発覚したのをキッカケに入籍致しました。入籍後から、それまでなかった主人からの暴力が始まり、出産後も時おり、私に罰を与える名目で、暴力を振るわれています。主人の目を盗み、暴力を受けた跡を写真に撮ってUSBメモリに保存した事もありますが、きちんと保存されているか、恐怖が甦るのが怖くて確認した事はありません。暴力を振るわれた跡の部屋の写真は最近のものがあります。暴力に関するやり取りをした、主人と私のLINEも保存してあります。勇気を出して、信頼出来る女性2人と、実家の母には打ち明けました。主人は、いわゆる外面が良いタイプで、暴力を振るうようには見

えない優しい外見と言いますか、職場の人は、愛妻家で通っていると聞いております。その一方で、職場の皆さんとの、お酒の席で暴力を振るい、私が頭を下げた事も2度ほどあります。お酒の席という事もあり、皆さんの温情なのか、私が受ける印象では、仕事に、支障は出ていないように感じます。子供がまだ小さいですし、結婚を機に遠方から関東に参りましたので、主人を通じて知り合った人しかおりませんし、どう対処すべきか、冷静に考える心の余裕がありませんでした。私の態度が気に入らないから、罰を与える。罰とは暴力です。暴力を振るわせる事をする私が悪いと。主人と生活をこれ以上、継続したくありません。今は、正月の帰省と言う口実で○○（遠方）の実家にいますが、間も無く主人が、私の実家に参ります。私は主人が怖いです。母親を殴る父親の姿を、子どもにはこれ以上見せられません。専門機関に相談するにしても、暴力を振るわれた証拠が、私は少ないのではないか不安に感じています。わたしのお話を信じて頂けて、今後についてアドバイスをしていただくには、どうしたら宜しいでしょうか。

5．配偶者では無いパートナーによる暴力
（デートDV）

　ここで言うデート DV とは、パートナーから暴力を受けているとの相談のうち、暴力をふるう相手が婚姻関係にある配偶者ではないと判断されたものである。交際相手から身体的、心理的性的暴力、性的暴力を受けていることが書かれたもので、こうした相談はこれまで111件あった。この中には、必ずしも本人が暴力を受けていると認識しているわけではない。「カレシから暴力を受けている、どうしたらよいか」と書かれた相談もあるが、暴力の状況を説明し、「どうしたら相手を怒らせなくてすむか」と書かれていたり、「私が悪いのですか」と尋ねていたりする。

　また一方、特に暴力とは書かれていなくて、「性行為で避妊をしてくれない」や、「無理やり性行為をされた」などが読み取れる相談は少なくない。当事者には性的暴力であると認識されず、「妊娠したかもしれない」などの不安が相談されているものはデート DV と判断し集計している。詳細を下記に述べる。ＤＶの相談と同様、デートＤＶに関する相談も、ひとつの相談に多くの内容が含まれていたため、本項で件数を示した箇所は重複している。

1）**当事者の背景**
　年齢や、学生、職業などの社会的背景を表に示した。

(1) 年齢

　年齢については多くは不明であるが、若年者に多く、10代は20名、20代は31名いた。しかし中には40代の人もいた。

(2) 社会背景

　どのような社会背景か、多くは不明であるが、わかったものは、中学生以下の生徒14名、高校生20名、大学生5名、正社員または派遣社員23名、家事手伝い・病気療養中は14名あった。

デートDVの当事者の背景（総数111名）

内　　容		人数
年　齢	不明	54
	10代	20
	20代	31
	30代	5
	40代	1
社会背景	不明	35
	中学生以下	14
	高校生	20
	大学生	5
	正社員または派遣社員	23
	家事手伝い・病気療養中	14

2）暴力の特徴と件数

　単に「暴力を受けている」と書かれた相談の場合、それがどのような暴力であるのか、詳細について不明なものもあるが、多くの相談は暴力を受ける状況が書かれている。書かれた内容から集計した結果、身体的

暴力は36件で、激しい言い争いや言葉の暴力を含む精神的暴力は54件であった。性行為を強制する、避妊に協力しない、裸や性行為中の写真や動画を撮るなどの相談は、41件あった。

身体的、精神的暴力の他に、「自分以外の女性と深い交際をしている」と書かれた相談や、「生活費を交際相手が払っている」、「浮気を疑われる」、「相手の態度がコロコロ変わる」などが書かれていた。

経済的暴力を受けている当事者もあった。それは同棲などで、カップルの生活費は双方が負担するのではなく、女性が負担しているというものである。当事者の女性が借金の肩代わりをしているとの相談もあり、経済的暴力を受けていることが分かった。この中には「相手が住居から出て行ってくれないため、別れられない」との相談もあった。

「金銭の借り入れ」、「生活費を交際相手が払っている」、「デート代を交際相手が払っている」、「プレゼントをもらう」などと書かれた相談が8件あり、経済的支配を受けていると判断された。「別れるのであればお金を返さないといけないか」、「交際相手がプレゼントした物や金銭を『返せ』と言っていて、離別が難しい」、「別れを切り出したらお金を返すように言われ、払えないから別れられない」とする相談があった。経済的支配は離別の難しさにつながっていることが覗われた。

社会的暴力も多く、交友関係の制限や、行動の束縛、メールやLINEをチェックしたり、当事者の女性が登録している男性のアドレスを削除させる、服装を規制するなどである。別れを相手に告げた際「別れるなら自分は死ぬ」などと、女性に罪悪感を起こさせる言動を取っている状況が書かれた相談が14件あった。

暴力の特徴と件数（重複あり）

内　　　　容	件数
身体的暴力	36
精神的暴力（激しい言い争い、言葉の暴力などを含む）	54
性的暴力（性行為の強制、避妊に協力しない、プライベートな写真の強制などを含む）	41
物にあたる	14
罪悪感を起こさせる言動（自傷行為又はほのめかす言動、責任を押しつけるなどを含む）	14
当事者以外の女性と交際関係がある	7
経済的支配を受けている（金銭の借入、生活費を相手が払っている、デート代を払ってもらう・プレゼントをもらうなどを含む）	8
経済的暴力を受けている（生活費を女性が負担・借金の肩代わりをしている等を含む）	18
行動の束縛・交友関係の制限（メール、LINEをチェック、アドレスを削除などを含む）	30
浮気を疑われる	9
相手の態度がコロコロ変わる	36

3）相談内容、当事者の心情等

　配偶者からの暴力（DV）と同様、デートDVと判断される相談内容においても当事者が何に困っているのか、どういう行動を起こしたいのかが読み取りにくいことは少なくない。当事者自身がデートDVと認識していると判断された相談は少なく、交際相手からどのような暴力を受けているのか、その状況と苦しい心情を書き、「どうしたらよいでしょうか」とのみ書かれていることも多い。

　当事者が困っていること、どういう行動を起こすべきかと質問されていることをまとめた。それは次のような内容であった。

相談内容・当事者の心情等（重複あり）

内　　　　容	件数
デートDVと認識している	32
辛い訴え、悔しい思いを訴える、どうしたらいいかわからない	37
パートナーが恐い、パートナーといるのが辛い	20
精神的に不安定（無気力、不眠、体調不良、パニック、ビクビクしている、疲れたなど）	20
離別を希望、その方法の相談	26
デートDVなのか（DVかどうかの判断をして欲しい、DVになってしまうのでは、相手の行動が理解できないなど）	29
自分の気持ち、行動がわからない	18
自分が悪いのか、自責感	19
関係をどうしたらいいか、迷い（別れた方がいいか、付き合っていて大丈夫か、気持ちが揺れているなど）	19
別れたくない、離れられない（パートナーが心配、好き、助けたいなど）	17
関係を改善したい（パートナーに変わって欲しい、嫌なことをやめて欲しい・自分はどうすればいいか、二人で解決したい、カウンセリング希望）	9
パートナーが恐ろしく離別できない（ストーカー行為、暴力、脅迫、復讐など）	21
警察、法的機関、相談機関、病院への相談や介入あり	11
パートナーが自殺をほのめかす、自傷行為に及ぶなどで離別できない	9
金銭問題で離別できない（金銭を請求されている、返金されない）	5
法的な措置の相談	2
SNS関連のトラブル	10
妊娠・出産・中絶に関連する相談	17
性感染症の不安	1
身体的問題の相談、受診の相談	2
相談者が当事者本人では無い（友人・知人・保護者）	3
すでに離別しているが苦しい（トラウマ、交際した事への後悔、恐怖、忘れたいなど）	15
うつ病、精神障がいなどのメンタルヘルス問題	11
誰にも言えない、相談できる相手がいない	19

(1) デートDVと認識している

　当事者自身がデートDVと認識していると思われたのは111件中わずか32件のみであった。

(2) 辛い・悔しい思いは深いもののどうしたら良いかわからない

　パートナーとの間に起こっていることを詳細に書き、「どうしたらいいのでしょうか」と自分の行動をどうすべきか質問する内容である。37件あった。

(3) パートナーが恐い、パートナーといるのが辛い

　暴力の状況を詳細に述べ、交際相手といるのが恐ろしい、一緒にいるのが辛いと書かれたものは20件あった。

(4) 精神的に不安定

　無気力、不眠、体調不良等などを訴えたり、「パニックだ」、「ビクビクしている」「疲れた」などと心身の苦痛が訴えられた相談は20件あった。

(5) 離別を希望、その方法の相談

　デートDVを受け、そのパートナーとは別れたいとはっきり述べられているもので、「どうしたら別れられるか」と離別する方法を質問するもので、26件あった。

(6) デートDVなのか

　身体に暴力を受けていることや、精神的につらい状況を説明し

リプロダクティブ・ヘルスの問題　　67

「DV かどうかの判断をして欲しい」と書かれたものや、相談員からは DV と判断される事象を「DV になってしまうのではないか」と不安を訴えるもの、「相手の行動が理解できない」などと書かれたものは 29 件あった。

(7) 自分の気持ち、行動がわからない

　身体に暴力を受けている、あるいは精神的につらい状況を説明し、「自分の気持ちがわからない」「自分の行動がわからない」と述べられている。18 件あった。

(8) 自分が悪いのか、自責感

　パートナーとの間に起こっている暴力の状況を詳細に書き、「自分が悪いのでしょうか」と質問するものは少なくない。19 件あった。

(9) 関係をどうしたらいいか、迷い

　パートナーとの間に起こっていることを詳細に書き、「このまま付き合っていくべきか、別れるべきか」と質問したものや、「気持ちが揺れている」と書かれたものは 19 件あった。

(10) 別れたくない、離れられない（パートナーが心配、好き、助けたい）

　暴力を受け快適ではない関係の中にいるものの、パートナーとは「別れたくない」、「離れられない」、パートナーが「心配」であると書かれたものや、パートナーのことが「好き」などと書かれたものは 17 件あった。

⑾　関係を改善したい

　パートナーとの間に起こっている暴力の状況と、嫌な思いをしているとの心情を詳細に書き、別れたいのではなく、「パートナーに暴力をやめて欲しい、どうしたら良いか」とアドバイスを求める相談である。暴力を振るうパートナーに「嫌なことをやめて欲しい」、「変わって欲しい」、「二人で解決したい」や、「パートナーにカウンセリングを受けさせたい」などが質問されている。9件あった。

⑿　ストーカー行為・暴力・脅迫・復讐などパートナーが恐ろしく離別できない

　デートDVを受け、そのパートナーとは別れたいとはっきり述べられているもので、しかし相手が執拗でストーカー行為に及びそうなもの、すでにストーカー行為を受けているとするもの、家族に危険が及びそうで別れられないことが述べられた相談は多く、21件あった。

⒀　警察、法的機関、相談機関、病院への相談や介入あり

　既に警察や法的な専門機関、相談機関、病院へ相談したと述べられたものは11件あった。

⒁　パートナーが自殺をほのめかす、自傷行為におよぶなどで離別できない

　暴力を振るうパートナーに、別れを切り出したものの、「別れるならば自分は死ぬ」と言われた。当事者は別れたいものの、別れることが出来ないと書かれた相談は9件あった。

⑮　金銭を請求されている、返金されない、金銭問題で離別できない

　パートナーとは離別したいものの、パートナーから金銭を借りている、別れを告げることで返済を迫られそうで別れられないとする相談があった。また、パートナーに貸し金があり、返してもらえなくて別れられないとの相談もあった。双方とも「どうしたら良いか」と相談されている。5件あった。

⑯　法的な措置の相談

　交際中にデートDVがあり、既に離別している当事者で法的な措置をとりたい、主に慰謝料の相談であるが、これを「どうしたら良いか」と質問されたのは、2件である。

⑰　SNS関連のトラブル

　交際中あるいはすでに離別したパートナーから、裸や性行為中の写真、動画を撮られインターネット上にアップするなどと脅されたとするものである。また脅されてはいないがパートナー、元パートナーがそれらの媒体を所持しているため不安である、どうしたら良いかとの相談で10件あった。

⑱　妊娠・出産・中絶に関連する相談

　妊娠に関連することが最大の不安で、相談したいと述べられたものである。例えば「妊娠しているのではないか」、「妊娠したことがわかった、出産すべきか、中絶すべきか」など、デートDVで苦しんでいることはほとんど書かれていない。多くは相談員が「『デートDV』の当事者である」と判断したものである。パートナーが避妊に

協力しない状況が書かれ妊娠したと書かれているものもある。パートナーとの間で妊娠し、その後中絶した当事者が、その悲しさの内容を訴えるものもあり、17件あった。

⑲　性感染症の不安
　自身の身体の不調を記して、性感染症かどうか質問したものは1件あった。

⑳　身体的問題の相談、受診の相談
　パートナーから受けた暴力のため、身体的な不調が生じているとする相談があった。相談した時点では既に離別している当事者で、交際中に受けた暴力のために、その後も身体の不調が続いているとの相談もあった（2件）。

㉑　相談者が当事者本人では無い（友人・知人・保護者）
　相談者が当事者本人では無く、当事者の友人・知人、保護者と言うものが3件あった。

㉒　すでに離別しているが苦しい
　デートDVの加害者とは既に離別しているものの、「トラウマとなっている」、「交際したことを後悔している」、「恐ろしい」、「忘れたい」など、時を経ても心が癒えないことを訴えるのは15件あった。

㉓　うつ病、精神障がいなどのメンタルヘルス問題
　デートDVのためにうつ病、障がい等のメンタルヘルス問題の「診

断を受けた」、「治療を受けた」と書かれているもの、デートDVを受ける前から有していた精神疾患や障がいが「悪化した」と述べている人は11人いた。

⑷　誰にも言えない、親に言えない、相談できる相手がいない
　「親に言えない」、「相談できる相手がいない」と訴えられたものが多く19件あった。

以下は当事者の相談である。承諾を得て、内容を損なわない範囲で加筆修正したり、創作を付記したりしたものである。

> …私は高校2年生、彼氏は違う学校の高校3年生です。私と彼の共通の友達から紹介されて付き合って今に至ります…最近というか付き合って半年経った頃、急に束縛が強くなりました、出来事は秋あたりの話です。私は彼氏とのデートで手首が見えるトップスと膝がちょうど隠れるぐらいのスカートにシースルーのソックスにパンプスを着ていました。待ち合わせたところに着いたとき、彼氏から「そんな服じゃ他の男に(性的な意味で)みられる」と言われ、最初はぽかんとしていました(どこが性的な感じに見られるか分からなかったため)その日はその忠告だけで楽しく過ごし、彼の家でセックスをしました。(避妊やカップルのセックスに対して正しい知識もあり避妊に協力的でとても安心してました)…別の日のデートのとき、その忠告をさほど気にしてなかった私

は、肩がすこし見える感じの服を着ました。それを着て彼氏と駅で会ったら、「俺の女として自覚あるんか」と怒鳴られて殴られ、殺されると思いました。今までは彼氏はいつも冷静で怒鳴る事は全然なかったのでとても驚きました。私は「ごめんね」と言いデートを開始して、カフェへ入って注文した物を待っている間に彼氏から、「俺に会う時は・手首が見えるトップス禁止・スカートも膝隠れるぐらいまで・スカート履くなら皮膚が見えない黒タイツ着用・シースルー系禁止・セックスするような雰囲気になったらフェラしたりするからネイル落とすこと又はしないこと」と言われました。だけど私は彼氏が大好きですし、彼はとてもいい人で悪い噂一つも無かったので、DV とかそう言うのは思いつかず、「自分色に染めたいんだな」と解釈して受け入れ今もそうしてます。(夏は上から羽織り物を着る事になりました)。友達からは「自分の好きな服ぐらい着させたっていいじゃん」とか言われてましたが、彼が大好きなので耐えられる事でした…

　だけどそのような束縛もどんどん酷くなって最近では友達と遊んだら誰と、どこで、いつ、何をしたのか「毎回報告しろ」と言われました。彼いわく「サディストではなく、(私が)かわいいから何かヘタするといろんな危険に巻き込まれるから守りたい」と言っていたので、それも守りたいとかそういうものなのかなと思い、毎回報告しました。プリクラもやっぱり高校生ですし、撮ります。全てのプリクラも見せました。ある日友達と遊んだ所、友達がプリクラのらくがきに下品な言葉(○ん○とか)を書いてしまいました。私は友達

がそんな事を書いてるとは思わず印刷された後に気づきました。本当に焦って、バレないようにそこだけ見えないように添付しました。その日はバレなかったのですが友達が冗談半分でその下品な言葉が書かれたプリクラをTwitterにアップしました。その日は辛い模試やテスト、部活色々あったのでお互いはしゃいでたので友達もそのノリでアップしたんだと思います。それが後でトラブルになりました。私が彼の家に行って泊まる予定だったので私がお風呂に入って、その後に彼がとても怒った表情をしてました。彼の手には私のスマホがあり、見せてきたのはノリで載せてしまった友達のツイート。その時パニックでした。「殴られる、殺される、酷いことされる」そんなことをずっと思ってました。その日は散々怒られて私が涙ぐんで「ごめん、嘘ついてごめん、別れないで」と言ったら彼も半分許してくれてセックスをしました。それからLINEでは「プリクラ、嘘ついても後々苦しむぞ」と催促されるようになりました。身体的な暴力はないものの精神的に圧力をかけられるというか、なにか怯えるようになりました。彼の事は大好きですし、このまま結婚出来たらいいねと将来の事まで考えてます。前、練習用に婚姻届を貰いにいきました。だけどこの束縛に私が耐えられるか本当に不安です。友達からは「DVだよ、別れなよ、〇〇子には幸せになって欲しいし、辛いだけだよ」とよく言われるようになりましたが、DVだと信じたくないし、この彼と結婚したいし、ずっと幸せになりたいです。私は今本当にわからない状況です。束縛はあるけれど、いつも優しいし、本当に大好きだし、結

婚もしたい。けどDV？友達から「やめたほうがいい、別れたほうが身のためだよ、監禁とかされちゃうとよ」なんて言われますが最近その言葉も重く受け止めようとしています。が、最近私の中でも「束縛＝私の事が大好きでたまらなくてそうしてしまう、そうされるのが快感」と身体から覚えてしまっています。別れるにも別れたくないです。どうしたらいいですか？そしてDVなんですか？ネットで検索してもそれらしきものがないので相談させていただきました（高校生）。

　今交際中の彼は事あるごとに浮気を疑い行動を監視し喧嘩が絶えません。私の意見は全く聞かず言葉の暴力から始まり私が手を出すと本気で殴る蹴る踏む叩きつけるの行動があります…先日激しい言い合いと取っ組み合いが原因で警察に通報され生活安全課の人と話をしました。「あなたが受けているのはDVです」とはっきり言われ、離れる決意をしました。
　今住んでいるアパートを出て県内へ黙って引っ越そうと思うのですが仕事探し家探し子どもの保育園探しどのような段取りで進めてどうすれば相手にバレずに引っ越すことができるのかご教授願いたいです（30代）。

　婚約者が、極度に怒らせると殴ったり蹴ったりしてきます。このまま結婚して良いのでしょうか…彼の前では暴力が怖かったり自分も悪いとこがあるので、一緒にいたいや別

リプロダクティブ・ヘルスの問題

れたくないと言ってしまいます。別れたいと言うと徹底的に訴えられるか、恨まれると思うと怖くて何も言えません（20代）。

　〇ヶ月付き合っている男性がいます。出かける時のお金は彼が払ってくれます。友人に「遊ぼう」と誘われて、「遊びに行ってくる」と言うと、「浮気」と言われるのが怖くて、出かける理由を親と会うと行って嘘をついたのですが、それがバレてしまい、LINEも、twitterも電話番号も全部消去させられ、異性と関わったら自分を騙してる事になるから、訴えると言われました。今まで買った物のお金を返せとも言われました。私の言うことは全て信じられないと言います。それは嘘ついたのが原因なので、仕方がないと思います。キスすることもセックスすることも、中に出す事も、拒むと「嫌いだからしたくないんだろ？」と言われてしまい、今は断れなくなりました。でも、「顔が嫌がってる」と決め付けられたりします。「お前の事は全部わかるから嘘ついてもわかるし、嫌がるのもわかる」と言われます。私のことを理解出来るのは「俺だけだからずっと一緒にいて」と言われたり、ちょっと何か気に入らないことがあると、「別れてもいい」とか、「俺じゃ無理だから」とか、言うことがコロコロ変わります。手を挙げられた事はありません。これって私が悪いのでしょうか？別れたらお金返さないといけないのでしょうか…。どうしたらいいのかわかりません（20代）。

こんにちは。是非相談をさせていただきたくメールさせていただきました。現在交際5年の彼がいます。ここ2、3年くらいの間に彼から暴力や暴言を受けるようになり精神的にきつくなりました。知らない間にスマホを見られています。それからパワハラで会社を辞めたのですが次の職が決まらないことを「お前が実力無いから」と言ってくる、私が電話に出られない、忙しくて会えない、バイトで記念日など会えないなどで自分（彼）の気にいらないことがあるとキレる（暴力・服の破損・脅し有り）、やりたくもないのにSEXを強要されます。SEXのときは避妊具をしてくれなくて、いつも中出し（私自身妊娠望んでいません）、家のお弁当が不味いということでお昼のお弁当を要求される等です。別れたいのはありますが彼から過去にお金を借りました。総額で言えば20万ちょっとだと思います。私が借りたのも悪いのですが借りました。ですが彼がキレた時に「一括で借金36万返せ」といつも言ってきます。そんなお金用意できるわけでもなく、彼の気持ちを逆なでしないようにと彼中心で毎日生活しており、自分の意見も言えず自分の時間を持つこともできず、正直精神的に疲れてしまいほぼ無気力状態で「死んだほうが楽かもしれない」と思う日が続いています。イキイキできるのは彼が一切連絡してこない日のみです、彼は毎日12〜13時と17〜18時の電話だったり私の家に来たりがあるので、そんなときはもうどうしたらいいかわかりません。現在私が無気力状態なのも彼は気づいており最近キレる時は「なんで普通のできねぇん？お前にまともになって欲しいからやってやって

リプロダクティブ・ヘルスの問題　　77

んだよ」と言われますどうしたらいいでしょうか(20代)。

　付き合って１年が経つ彼がいるのですが、最近彼が将来DVになるんじゃないかと不安です。物を投げてきたり、叩いてきたり、彼の機嫌を悪くさせてしまうと投げ飛ばされたりします。今は、叩く力も弱く、投げてくる物もゴミだったりで痛くはないのですが、これから先どんどんエスカレートしたらと思うと怖くて仕方がありません。ここ最近は彼の機嫌を損ねないよう気にしてる毎日です。彼とこのまま付き合っていて大丈夫でしょうか(10代学生)。

　同棲している彼のことが怖くなってきたので、相談させてください。私は、彼と同棲する前風俗で働いていたので、彼は私を悔い改めさせるためにそれまでの人間関係を絶つことをさせ、持っていた物をほとんど捨てさせ、去年から彼の家に世話になることになりました。三日に一度は彼がキレて「おまえはどれだけゲスか」「俺の心は死んだからおまえは殺人犯」「おまえと俺は違う。俺は誠実にずっと生きてきた」と責められ、「私が悪いのだから信用が得られないんだ」とひたすら反省し、後悔と謝罪をしながら過ごしていました。今は私の過去のことでキレる頻度は減ったのですが、彼はSNSで女の子と頻繁にメッセージのやりとりをしていて、その内容があまりに親身なので「それはちょっとイヤ」と伝える

とキレました。暴力は振るいませんが、言葉がすごく、「俺はおまえとは違う誠実な人間やのに疑うんか」と怒られました。他のことでも、私が彼になにか意見や主張をするとキレます。キレると怒鳴って物に当たりその音も怖くて、機嫌が直るまでたいてい三日ほど、びくびくして過ごします。意見や主張をしたつもりがなくても、何らかの私の言葉を拾って怒るのが一ヶ月に２、３回はあります。私は生活にかかるお金をすべて彼に払ってもらってます。私に「働かなくていいから」と彼は言ってくれますが、キレた時に「どれだけおまえに金使ってる思ってるねん！とんだ無駄や」と怒り、そのギャップにどうしたらいいのかわかりません。「別れよう」と言ったら、今まで私にかけたお金や、払ってやった家賃、プレゼントした物とかどうするつもりと怒られました。私には返せない額のすごいお金を、彼の機嫌のいいときにたくさん使ってもらいました。優しい時の彼に甘えた私の自業自得と思って怖いのも我慢していますが、このまま顔色を見て生きて、彼がそのうち他の女の子に目をむけるのを待つのかとか、そういうことを考えて最近死にたくなっています。お金を返せないのに一方的にこちらから別れたら、借金にされ裁判にもっていかれるかもしれないです。とにかく怖くて冷静な話し合いはできないです。何度も冷静に話そうと持ちかけましたが、彼は自分が否定されたと感じた瞬間にキレるので、なだめながらというのもすごく難しいです。優しいときは本当に優しいので私の気持ちの持ちようも難しいのですが、これはDVなのでしょうか。着のみ着のまま逃げるしか

ないのでしょうか（30代無職）。

　2年ほど同棲してたのですが生活費から全て私持ちで、相手に話をしても「お前が一緒に住みたいって言ったから、お前が払え、嫌なら出ていけ」と言われて、私には限界が来たので、今は家を出て自分で生活をしています。親から反対されていて、でも付き合っている時、彼から全て制限されて携帯も見られていたので、友達と遊ぶ事も出来ませんでした。そのせいか離れたら何をしていいのか分からず…彼とまた会ってしまっていました。彼は私と離れてから、私に「毎日会いたい、俺が間違っていた変わる」などと連絡してきていました。私は以前彼との子どもが出来て、中絶しています。その費用も「後で払う」と言われ、しかし全部私が払い一銭もあれから貰っていません。会い始めてからまた体も求められて断れず、避妊もしてくれず、「なぜそんな人と私は会ってしまっているのだろう」と思いますが、私自身も分かりません。今の状況から抜け出したいです。いまは彼と一緒に住んでいません（20代前半）。

　付き合っている彼から、…胸ぐらつかまれ、脅しや「殺す」ぞと言った暴言から、今後更にDVに発展しそうで怖くなり、「怖い」とラインで送り、そこから彼との連絡を拒否しました。前から感情的になる事があり、その都度脅迫や恐喝的な

表現、暴言、「自殺してやる」などのことを言うため、こう言った発言を「やめて」と伝えてありました。今回、私の逃げ場になる部屋を探した…との事で、借りられては更に恩を売る形になると思ったのも、決断の理由です。しかし、ひと言で音信不通にしてしまい、さらに逆上していないか、私の家は知らないとはいえ、裏に暴力団繋がりがあり、怖くて仕方ありません。付き合った私が悪いのですが、後悔と怖さでこちらに書かせていただきました（40代）。

　別れた人からしつこくお金を返せの要求が続いています。LINEで始まり無視していましたが鳴りやまないため対応しました。発言がすごく不透明でよくわからなくて、恐くなり、少しお金を手渡しその場から退散、即LINEブロックSNSブロックをしたがグループLINEからしつこく連絡があります。シカトを続けたら今度は電話がきました。別れる前に1度DV（精神的DV）ということで相談電話を機関にしました。そこで「早急に離れるように」と言われ今は離れています。その頃はSNSでいろいろ書かれており、今回もいろいろ書かれ「〜最終手段にでます。」とツイッターに書いてありました。流石に怖いのでなにをこれからどうしたらいいのかわからなくなりまいっています（20代前半）。

困っているのでメールしました。付き合って1年、同棲して半年程の、一つ年上の女性の方と付き合っています。相手も私自身も同性愛者です。付き合った当初から相手に噛みぐせがありました。やめてと言ったらやめてくれる程度なので、さして気にもしませんでした。付き合って少し経った頃から束縛が強くなりました。LINEの友達は全員整理され、同棲してからは、用があり電車で20分程の距離にある実家に行くことすら駄々をこねて、「行って欲しくない」と言うようになり、帰りが遅いと不機嫌になり、前の職場の人、私の友達などの話、私の過去の話をすると怒るようになり、つい先日は私の携帯の電話帳（300件程）が朝みると、5件になっており、整理されていました。私の元恋人にも勝手に電話をかけていたようで履歴が残っていました。そしてたまに、口喧嘩などになると、首を絞められるという事があり、昨日は2人でやっている交換日記（なかなか口に出せないことはここに書こうと言って始めたもの）の、「文章量が少ない」と怒り、私も言い返してしまい、そこから喧嘩に発展し、机を蹴り缶を潰して投げて、ゴミ箱をひっくり返し、包丁で自分を切り、床と壁を殴って爪が折れ、その後私の首を絞めにかかってきて、本当に殺されるかと思いました。「他の人の名前を言う○○（私のこと）なんていらない」「死ね！私も死んでやる」と発狂していました。首を絞めたあと、落ち着いたようで仲直りし、いつも通り仲はよいのですが、束縛も暴力も日に日に悪化していくのですが、とても大好きで別れるつもりはありません。手首にもお互いの名前のタトゥーを入れ安

易に別れ等の選択肢もなく、私自身相手を好きなので別れたくはありません。しかし本人も手を出してしまう事に困っていて、手を挙げたあとに毎回謝り、「どうしよう」と泣いていて、どうしたものかと、なにか他人目線からの返答が欲しくて（20代前半）。

　彼は、機嫌が悪いと別人みたいになって、早歩きになったり無視します。男友達と3人で一緒に帰ると、「ぼくより仲良くしていた」と言って怒ります。男女のグループで彼がすでに知っている人たちとわたしが出かけるとき、彼に黙って出かける、彼がいないのに「男女のグループに行くなんてだめだ」といって、断らされました。たまたま彼の両親が同じイベントに来ていた時（自由席）、わたしは目が悪いので気づかず、自分の友人に挨拶して、たまたま横が空いていたので坐りました。そしたら、彼は「僕の両親と座らないで知らないおじさんおばさんと座る」といって怒り、演目の途中でいなくなってしまいました。付き合って1か月以内の時です。付き合って3か月くらいで、遠くにいる彼の姉に会いに行くように言われました。しかし、行く目的も詳しく説明されず、彼の姉が大変気性が荒くて険しい人だと知らされずに行き、また泊まったホテルが汚くて、あまりにつらく、戻ってきてからも滞在中も、正直につらかった、次は少し良いホテルに泊まりたいと彼に言いました。そしたら、彼がそのことを怒って母親にいい、母親は「あなたは私の大事な息子に従え

ないし、文句を言うので、息子にふさわしくない」と言われたと、彼本人から言われました。機嫌が悪くなったときに「もう会いたくない」と彼に何度も言われました。しかし、その１週間後にいつも「ごめん、愛している、じぶんが悪かった」と言われました。「別れましょう」と彼に言ったときに、私の家までついてきて、「僕はこんなに真剣なんだ」と言われ、繋ぎ止められました。しかし、彼のお母さんは、「何かあった時に息子があなたの思想に染まる」みたいな感じで言われました。彼は「お母さんが悲しむからおまえとはこれ以上いれない」と言われました。しかし、後で、「別れるなんて一度も言っていない」と言われました。私の母が亡くなる前、病気が重くなったとき、私も体力がなく、母と旅行するために体力を温存していたときがありました。母と最期の旅行になるかもしれないので、母を大事にしていました。そしたら、「お母さんよりじぶんを大事にしないんだから、体力がないなら無理しないで家にいなよ」とか、「旅行に行かないでよ」とか言われました。彼が失礼なことをするので、「別れましょう、距離を取りましょう」というと、いつも１週間後くらいに謝ってきて、「二人の関係で努力していないのはおまえのせい」と、暗に罪悪感を駆り立てるようなことを言われ、別れられませんでした。母が亡くなった時、お葬式にもお通夜にも来ませんでした。また、母の友人が遺骨にお線香をあげに来ると言ったとき、出てくるように言われ断ったら、「僕を最優先にしないんだからこれ以上無理だ」と言われました。現在は、「これ以上無理だ」と言われて、相手から言ってくれたので、

周りの人たちに「彼が無理だというから受け入れ、もうこの関係は終わりました」と伝えました。しかし、彼から電話が来ています。話すと、また妙な説得をされそうです。「本気でない、別れるとは本気で言っていないので、謝るから、また会おう」と言われるか、彼の承諾なく周りの人に「別れた」と言ったことを責められるように思い、怖いです。この関係は健康的なものでしょうか。男性は、女性を愛していたら、こういう風にするのでしょうか。わたしはもう無理だと思い、彼からの無理だというメールを別れの言葉としっかり受け止めています。彼から連絡が来たら出る必要はないし、メールも返信しなくていいと思っています。しかし、彼を頑張って説得して、かれにはきちんと「別れます」と宣言した方がいいでしょうか。ただ、そうすると、彼は「僕は悪くないのに」といった感じで、責められることを言われて、じぶんが心に傷を負いそうで怖いです。

　以前交際していた男性からデートDVを受けました。性的DVが主です。あれから何年も経ちますが時々思い出して苦しくなります、どうしたらいいでしょうか。

　初めまして。私は今、一緒に住んでいる彼から逃げたいです。なかなか逃げられません。別れようとすると包丁を持ち「死んでやる」と騒がれます。実家に帰ると追いかけてきて連

れ戻されます。実際は実家にも問題があるため、帰りたくはありません。元々母から暴力を受けていました。今、仕事もやめさせられ彼の仕事を手伝うように強要されています。基本的に昼夜問わず働かせられ休みはありません。吐こうが何をしようが働かされます。彼は私に働かせ寝ていることもあります。私は具合が悪くてどうにもならないときによく、きつく仕事をするように、させられますが、彼は「覚えていない」といいます。おかしい、恐ろしい。お金も100万以上取られています。とにかく彼は執拗でこわいです。私が仕事をしなくなったら賠償問題がお客さんから発生すると言いい、話を聞いてくれません。とにかく消えて欲しい。とにかく私は私の人生を生きたい。不正出血や手の痺れ等が起こっており、体調もかなり心配です。何かをすると喧嘩になり近所迷惑になり、近所の人もよくわからないし、怖いです。何もかも恐ろしい。体力も気力もお金も仕事も既に根こそぎとられ疲れています。怖いです。死にたくなります。助けて欲しい。彼は私を押さえつけることばかりしてきます。仕事もやりたいことも全て。信条もなにからなにまで。許せないです。とにかく消えて欲しい。邪魔でしかない。どうしたら、追われることなく別れられますか。仕事を見つけてから別れたいですが、基本的に働かされているので、難しいです。お金を返してもらったらと思っていましたが、返してもらえる訳もなく。せめてどうしたら疲れないのでしょうか（20代）。

別れようと言うと殴られたりします。「もうしない」と言われて、しかし昨日で三回目です。どうしたらいいですか(20代前半)。

　彼氏が怖いです。付き合う前や、付き合った始めの頃は普通の人と同じ感じだったのに、1ヶ月すればもう「他の男とはLINEやツイッターのDMでやりとりをするな」と言ってきました。2ヶ月すれば、昔からの男友達にむけて「お誕生日おめでとう」とツイートしただけで怒られました。3ヶ月すれば、わたしの携帯を無理やり取ってLINEの男友達を全員ブロックして削除までされました。そして公共の場で怒られ攻められ泣かされました。4ヶ月すれば、わたしのツイッターをフォローしている男の子を54人ブロックしました。普段話さないし、フォローし合ってる関係だけなのに、それだけなのにブロックして、ブロックしたら向こうに気付かれるし、向こうになんと思われるかも心配だし、前から仲よかった子ともう二度と連絡とれなくなってしまいました。彼氏の気にさわることがあったら、「カス女」、「きもい」、「うざい」、「一緒にいるのが恥ずかしい」、「男と絡みたがり」、そんなことを言って責めてきます。「やめてそんなこと言わないで」って言ってもやめてくれないし、「なんでそんなこと言うの？」って言ったら、「だって本当やもん」って言われます。この前、遊んだときセックスしたいと言われ、でもわたしはしたくなかったから「イヤっ」と言ったら、「なんで？おかし

いやろ、好きやのにあかんの？なんでやなん？今までやってたのになんでいきなりあかんの？もう帰るって」言ったので帰ろうとしたら、彼氏は電車の方に行かずどこかへ遊びに行きました。今まで何度も「別れよう」って言ったけど、「別れよう」って言ったら、号泣して、「ごめん、もうそんなことやらんし言わへんし、大好きやからやっただけやし、ごめん、別れたくない、もう俺も女の子と絡まへんから」って言ってきて、どうしても最後までふれなくて…そういうとき、最後に「これからどうすんの？」って聞かれたら、「もういいよ」としか言えなくて、結局別れられなくて。でも、もう「そんなことせん」って、言ったこともまた普通にするし、暴言も吐くし、女の子のこと大好きで…同じことの繰り返しで、最後まで別れられないわたしが悪いんですが、どうしても別れられないし、もう頭が痛くて夜も眠れなくて、ずっと涙がとまらなくて、なんで優しい時は優しいのに、怒ったらひどいこと言ってくるの？って感じです。男の子の連絡先消したくせにいつも疑ってくるし、なんでなんかもうわからなくて、もうどうしたらいいのかわからなくて、別れるべきなのもわかってるし、わたしがふれないのが悪いのもわかってるし、でもどうしたらいいのかわからないです（10代高校生）。

　家で会う時は必ず性行為をしてました。断っても反抗しても力で負けてしまっていました。なぜ会っていたのかと言うと、LINE で「死にたい、俺なんかいなくても困らない、辛い」

という文章がひたすら送られてきて、ここで会うのを拒んだら本当に死んじゃうんじゃないか、とか、今までの性行為を他の人にバラされるのではないかという恐怖があったからです。私の悪い癖は考えるのをやめる事でした。考えるのをやめれば辛くなかったからです。1度だけ中に出されました。次の日すぐに病院にいって緊急避妊薬をもらいました。私は赤ちゃんが大好きです。どんなに小さくても1つの命は殺したくないです。だから性行為を簡単な気持ちでやってはだめだとその時気づきました。それをカレシに言ったんです。「もし、妊娠して下ろすことになったら1人の命を殺すことになる、命に関わることだからやめてほしい」と。そしたら「こっちだって命がかかってるんだ。今すぐ死ぬことだってできる」って言われました。そんな事言われたら何も言い返せませんでした。私の弱いところです。私さえ我慢すればって思ってしまいます。今思えばその頃は精神的には辛くなかったんだと思います（食欲不振や不眠、生理が遅れるなど体には出ていましたが）。去年そのカレシとは縁を切ることができました。しばらくは普通の生活を送っていました。しかし年が明けて先月ごろ急に思い出したんです。それまでもそんな事あったな〜くらいでは思い出してましたが、触られたり入れられた時の感触や恐怖を生々しく。本当に辛かったはずの時期は考えないように気をそらして乗り切りましたが、時間が経つほど（気を）そらせず、その事ばかり考えてしまって悪循環でした（20代）。

ある男性からのデートDVに何度も体を壊しながら、でも離れられずにいました。でも昨年末限界が来て離れることにしました。お金を渡すことをストップしました。先日、仕打ちに耐えかねてインターネットの掲示板に、「こんなことをされたから気をつけて」という書き込みをしてしまいました。すると、彼から電話で、「そんなことをして死んでも追い詰めるから楽しみにしてなよ」と言われ、現在一日数十件連絡が来ています。私は安定剤をたくさん飲まなければ生活出来なくなり、おう吐と発熱、彼に対する拒絶反応でずっと具合が悪いです。その旨を伝えても一日数十件の連絡が来ます。金銭に関しては返す気は無いそうです。前に「手書きのメッセージを送って」と言われたので、送ったら、「それが一筆書かせたことになる、自分に返す義務はない」と、彼は言っています。掲示板、掲示板のサーバの管理会社には私から削除申請を何件も出しています。ですが、3日〜2週間お待ち下さいという事に加え、個人情報という点に抵触しないため削除は難しい状況かもしれない状態です。それを踏まえた上で、「本日中に私の住所、電話番号を教えたら、和解とする」というメールが来ました。「和解につき一切連絡する事はない」とのことですが、私は彼に住所と電話番号を教えるべきなのでしょうか？もう疲れました。一秒でも早く彼の番号を拒否したいです（30代）。

高校生です。交際が続き現在まで4年ほど続きますが、その過去に浮気を3回されていて注意しても辞めようとする気配は無く精神的に限界だった私は2年目か3年目の時に別れ話をLINEで彼に伝えるといきなり「金を返せ、口座を教えるからここに入れろ」と言われてしまい、まだ学生だった私は母親にも言うことが出来ずとても怖くて別れることが出来ませんでした。彼は私に高いブランド品をやると言って私は断ったのですが、無理矢理バッグや財布を渡されてしまいました。彼のLINEを見ると知らない中高生や女の人のトークがあり、いかがわしい話や沢山の写真ばかりでした。問い詰めても「グループの人だよ」と誤魔化されてイライラされていつも浮気ばかりの人間でした。付き合ってる時は彼に言われるがままで体も心もボロボロで精神的におかしくなっていました。それから4年が経ち一時的にLINEをして無かったのですが落ち着いた私は何もかも吹っ切れて彼と別れると決心しLINEで彼に「連絡先も全て削除して別れる」と言うと彼は「友達のままはダメか？もう一度会いたいお願いだ」と自分勝手な事をドロドロと言い始めて、浮気はする癖にそういうことを言う大人にとても怒りがあります。親は私の彼のことを知っていますが精神的に苦しんでいることは知りません。過去にこの事をネットで3、4回ほど相談しているのですが、性犯罪という意見が多くてこちらにご相談させて頂きました。警察や弁護士などにご相談することは可能でしょうか？宜しくお願いします（10代）。

下記は女性自身が暴力をふるってしまうとの相談である。加害者を自覚し苦しいことが相談されている。

　今回DVについて気になっていることがあり、ご相談させていただきました。というのも、私は最近彼氏に振られてしまったのですが、その理由の一つが「こわいから」だそうです。この恐怖心を与えてしまう行動が、思い返せばDV加害者のサイクルとほぼ同じでした。例えば、自分が納得いかないこと、嫌なことがあると無口になる、イライラを表に出す、感情的になるなどです。でも、その時私が考えていることはいつも「ああまた不機嫌になってしまった！こんな気まずいことはしたくないから早く元どおりにならなくちゃ。もう一生こんなことはしたくない。相手を悲しませたくないのに」と考えていました。そして、何かのきっかけを見つけて優しい面を出そうと努力しました。相手の話をよく聞いたり、プレゼントをしたり、過去に起こしてしまった過ちをなんとかして取り返そうとしていました。これが、DVのサイクル（http://www.1818-dv.org/03mottoshiritai/　下の方に図があります）にそっくりで、本当にゾッとしました。思えば私の祖母は神経質な人間で、すぐに人を注意し、母をコントロールしようとしていました。その祖母は小さい頃に両親を亡くし、7人兄弟の6番目として育ちました。そんな世代間連鎖もあるのではないか、と思っています。今は元彼に精神的暴力を与えていたのではないか、と反省しています。元彼と復

縁したいとは露ほど思っておりませんが、ゆくゆくは今後出会った人と楽しくお付き合いをしたり、結婚をしたりしたいと望んでおります。しかしその時に、また相手にDVをしてしまうのではないか、と不安でたまりません。また別の男性に告白された時も、自信がなくなってしまい逃げてしまいました。ネット上にはDVの被害者側の対処法しか書いておらず、加害者の更生についてよいサイトがなかなか見当たりません。私も少しずつでよいので、誰かと対等にお付き合いができるようになりたいです。悲しませたり、怖がらせたりは決してしたくないです。不機嫌にならず、人間関係をこのサイクルから抜け出すにはどうすればよいでしょうか？また、よい関係とはマイナスの感情を抑えることなのでしょうか？よろしければお教えくださると幸いです。長々とした文章になってしまい大変失礼いたしました。何卒よろしくお願い申し上げます（20代）。

6．望まない性行為・性行為の強制

　性的虐待を含む望まない性行為を強制されたという相談は、相談サイトを開設した2013年7月から2017年11月末までに、76件が寄せられている。その概要を説明する。

1）被害者
　相談された内容からわかる被害者の背景を表に示した。書かれたりし、分かる場合はそのまま集計し、相談内容の文章から判断されるものもありこれらを集計している。尚、被害者本人が相談してきたものばかりではなく、例えば被害児童の母親から相談されたものなどがある。しかし年齢や社会背景等全て相談者のものではなく、被害者のものを記し当事者と述べている。

性暴力被害者と状況（総数76名）

内　　　　容		人数
相談時の年齢	記載なく不明	57
	10代	9
	20代	7
	30代	1
	40代	2
被害時の年齢（所属等）	記載なく不明	37
	未就学児童	1
	小学生	8
	中学生	3
	高校生	8
	大学生	10
	18歳以上（大学生は除く）	9
被害から相談までの期間	記載なく不明	42
	直後から数週間	13
	1年未満	1
	3年未満	6
	3-5年未満	2
	5-10年未満	3
	10-15年未満	7
	15年以上	2
加害者	記載なく不明	14
	知人（家族、親戚、職場の同僚、学校関係者、異性の友人、好きな人、近隣者など）	41
	知人ではない人（見知らぬ人、SNSで知り合った人、ナンパされた人、自称写真家・カメラマンなど）	21
性暴力の回数	記載なく不明	11
	単回	50
	複数回うち継続的被害（8名）	15
性暴力の場所	記載なく不明	45
	ホテル	9
	車中	1
	当事者の自宅	6
	加害者の自宅	7
	その他（バー、マッサージ店、カラオケ店、親戚宅など）	8

（1）相談時の年齢

　相談された時点の当事者の年齢を表に示した。相談には年齢が書かれたものがあり、そのまま集計し、また直接書かれてはいないもの、例えば「高校生です」などと所属する学校が書かれたりし、年齢が判明されるものもあり集計している。10代は9名、20代は7名、30代は1名、40代は2名であった、その他は不明である。

（2）被害時の年齢・背景

　当事者がいつの時点で被害を受けたかを集計した。後述するが、相談に寄せられた内容は、被害直後というものばかりではない。むしろ長期間を経て寄せられたものが多い。被害を受けたのが未就学の年齢は1名、小学生は8名、中学生は3名、高校生は8名、大学生は10名、大学生を除く社会人の年齢は9名で、37名は記載無いため不明である。

（3）被害から相談までの期間

　前述したように、相談に寄せられた内容は、被害直後というものばかりではない。むしろ長期間を経て寄せられたものが多い。相談内容から読み取れた、被害から相談までの期間を表に示した。被害後時間が経っていないケースもあるが、3年、5年、10年以上と長期間が経過しているケースは少なくない。今は通常の生活が送れているものの、高校生の時性暴力を受け、その時怖くて病院にも行けず、母親にもちろん話せない。30代になり、急に思い出し怖い思いをする。一回思い出すと胸が苦しくなって息もできなり、死にたくなるとの悩みが綴られたものがあった。

(4) 加害者

　性暴力被害を受けた76名の当事者の相談からの、加害者がわかるものを集計した。記載がないため加害者が把握できない相談は14件、知人であるとする相談は41件であった。知人とは、実父、継父、兄などの家族、従兄弟などの親戚、職場の同僚、仕事関係でつながりがある人、高校のクラスメート、近隣者、好きな相手、客として通っていたホストクラブのホスト、趣味の講師などがあった。

　加害者が知人では無い人は21件であった。それは、見知らぬ人、SNSで知り合った人、ナンパされた人などと書かれ、また、芸能界活動に興味があった当事者が、写真家やカメラマンを名乗る男性から被害にあったことが相談されている。

(5) 性暴力の回数

　被害が「単回」であったと判断されたのは50名、性的虐待などで複数回であった人が15名であった、この中には継続的に被害を受けたと判断された人もいた。

(6) 性暴力の場所

　どこで被害を受けたかについて集計した。ホテル9名、車の中1名、当事者の自宅6名、加害者の自宅7名で、バー、マッサージ店、カラオケ店、親戚宅は合わせて8名いた。

2）相談内容から読み取れた問題の特徴

76件の相談内容からは、当事者の心情や性暴力問題の特徴がわかり表に示した。その内容と件数を示した。

性暴力問題の特徴（相談件数総数76件, 重複あり）

内　　　容		件数
苦しい、恐い	思い出すと辛い、生きているのが辛い、悲しい、男性が恐い、恋愛、結婚、性行為への不安の訴え、母親になったときの生きづらさの訴え、PTSD・パニックの訴え、被害後のメンタルヘルス問題	76
孤立感、孤独感	誰にも話せなくて辛い、知られたくない	15
相手への憎悪	憎い、許せない、復讐したい	8
自責感	自分が悪いのか、自分も悪いと思っている	17
飲酒	飲酒が被害につながった	6
インターネット上への情報流出に関する不安	写真、動画流出に対する不安、削除したい	7
二次被害	警察、相談機関、職場からの二次被害、対応の悪さ	12

（1）苦しい・恐い

まず大きな問題として精神的健康にかかわるものが76件あった。うつや不眠等の精神症状を有するとするもの、PTSDの診断名を受けたとするもの、精神科治療歴や相談の時点で治療を受けているとするものがあった。「思い出すと辛い」、「生きているのが辛い」「悲しい」などの言葉は、ほぼ全員の当事者から聞かれている。「過去に性犯罪で、証拠不十分等の事情により起訴・立件できなかったが、その後心的外傷、現在も社会生活に支障があり、就業にも支障が出ている」、「長く社会復帰する事が出来ない」、「『夜出歩くのも悪い』

と責められ辛い思いをした」と述べられたものもあった。

「この程度なんて大した事無いと思えるようになりたい」、「時に自殺したい気持ちがあふれてきてつらい」、「もう本当に疲れ、どうしたらいいか」、「これから事件と向き合っていく力が沈んできた、どうか助けてください」などの記述もあった。この他にも「男性が恐い」や、被害後に「恋愛や結婚するのが怖い」と書かれたものがあった。被害後「性行為ができない」と書かれたもの、既に結婚し、出産して母親になっているものの、PTSDやパニック等の症状に加え「授乳が苦痛である」と生きづらさを訴えるものがあった。「カウンセラーを紹介して欲しい」や、「カウンセリングを受けた方がいいか」と尋ねるものもよせられている。

(2) 孤立感・孤独感

孤立感や孤独感を詳細に述べられたものは15件あり、身体も心も病んでフラッシュバックしてその日のことを思い出し、「親にもカウンセラーにも相談できない、どうしたらよいか」、「孤独感でいっぱいである」などが述べられていた。「誰にも話せなくて辛い」「誰にも知られたくない」なども述べられていた。

(3) 相手への憎悪

加害者が「憎い」「許せない」「復讐したい」との怒りが書かれたものは8件あった。

(4) 自責感

被害の状況を詳細に書き「私が悪いのでしょうか？」と質問があっ

た、また「自分も悪いと思っている」との記述もあった（17件）。

(5) 飲酒

　飲酒が被害につながった当事者は6名いた。中には未成年で加害者から飲酒を勧められ被害を受けた人がいた。

(6) インターネット上への情報流出に関する不安

　インターネット、出会い系サイト、SNSなど、ICTを介して加害者に出会い、性暴力にあったことが分かる相談があり、これについては前記している。相談者が当事者本人では無く、例えば子どもの母親があった。また、交際相手の女性が他者から性暴力を受けた相談などがあった。

(7) 二次被害

　警察・相談機関・職場などからの二次被害や、対応の悪さを記述したものは12件あった。「周囲から批判を浴び、精神が疲弊している、気持ちを強く保つにはどうしたらよいか」、「被害に遭い、悩んだ末に警察署に行ったものの、取り調べの過程で想像以上に辛い思いをし、正気ではいられない」や、「加害者のことが好きなんでしょ」と警察から高圧的に言われ傷ついたことをか書かれたものがあった。
　また、被害を受け、警察と弁護士に相談し法的手続きをすませ、職場上司に報告した。上司からは、「加害者はには家族があり、そのことも考えなければいけない、本当にあなたはそれでいいのか？回復するのか？」と言われた、学校での被害で、被害の後学校の教員

に相談したが、学校は何も対処をしない、「相手が生活空間にいるため、精神症状が出る、どうしたら加害者を退学にできるか」との質問もあった。

以下は当事者の相談である。承諾を得て、内容を損なわない範囲で加筆修正したり、創作を付記したりしたものである。

> 声をかけられて車に乗せられました。そして車の中でいきなりキスをされました。その後はホテルに連れていかれて服を脱がされて触られたり舐められたりしました、その時に写真を撮られて…「変なことすると学校に写真持っていくよ」と言われました。どうしたらいいですか（10代）。

> 車に乗せられてホテルに連れていかれて、その後服を脱がされて、体触られたりしました。また会うかもしれないと思うと怖いです（10代）。

> 性的虐待（兄、父）によるトラウマの治療方法を教えて下さいませんか（40代）。

アプリで知り合った男性と会った時にホテルに行ってしまいました。拒否したにも関わらず避妊もしてくれないまま性行為をされ、その時に強く抵抗しても動画を撮られてしまい、個人情報を教えること、会うことや、「性行為をしないとその動画を流出させる」と脅され大変困っています。ホテルに一緒に行ってしまったことなど、私にも大いに落ち度はありますが、動画を完全に削除し今後一切関わらないようにすることはできるでしょうか。一応その人の職場と名前は知っています。家族には知られたくないです（20代）。

　過去に性暴力を受けて、その後、妊娠、中絶をし、今現在も悩み続けています。当時、誰も相談にのってくれませんでした。その後彼氏はできたもののずっと一人で耐えています、いまだに言えていません（40代）。

　先月、用事があり深夜に近い新宿を歩いていました。道を歩いていた男にナンパされ「飲みに行かないか」としつこく誘われて、はっきり断れなくて何度もしつこく誘われてついて行ってしまいました。バーの中で「彼氏がいるか」など聞かれましたが「いる」と答えたら、「今夜忘れよう」などと言われ、屈辱的でした。バーを出た後も「何もしないからホテルに行こう」と言われ、やはりはっきり断れなくて、ついて行ってしまいました。早くシャワーを浴びたかったので、

「シャワーを浴びたい」というと、その場で服を脱がされました。シャワーを浴びた後は流されるままにベッドに入ってしまいました。強引な行為に何度も何度も大声で泣いてもやめてくれませんでした。挿入もされましたがとても痛かったです。何度大声で泣いてもやめてくれないので我慢していましたがようやく済んで寝ていた時にこっそり服を着て部屋を抜け出しホテルを後にしました。やはり断りきれなかったといえ「ナンパに着いて行ってしまったのが悪い」と言われるのではと思い、警察に相談することはできませんでした。その後自暴自棄になったり、気分が落ち込みふさぎこむことが多くなりました。地元関東でも電話での性被害の電話ができますが、電話では苦しいので、メールで相談できる当サイト（九州にあり）にメールをさせていただきました（20代）。

家の近くに体の関係、恋愛的な関係を迫ってくるおじさんがいます。その人の執念しつこさが気持ち悪くて、離れたくて、今は離れたところに引っ越しています。始まりは高校生の時、無理矢理援交を持ち掛けられ、怖くって断れず一回だけ関係を持ちました。「お前はSに見えてMだから俺と相性いい」とか言ってきました。それ以来、本当に怖くて気持ち悪く…日が経つにつれ忘れるだろうと思っていたのですが、それから数年して普通に生活出来るようになってから電車で強制わいせつを受けてしまいました。あの時の記憶と気持ち悪さを思い出してしまい、男の人が苦手になってしまいまし

た…この人は昔から家族と交流がありそれを使って近づいてきます。こんな人とは祖母や母には言えず、こっちは関係を切りたくてしょうがないのに、何かあるたびに「挨拶してこい」だとか「お礼言ってこい」だの言われます。このまま避け続けていいのでしょうか。考える度に気持ち悪くて…実家に帰る機会が増えた今、思い出してしまいます。もう一度はっきりと言った方が良いのでしょうか。はっきりと言ってまた無理矢理関係を持たされるのではないかと不安で気持ち悪いです。とても苦しんでおります（20代）。

　一昨日、知り合いの男性から性行為を強要されました。私は学生であり、お金に困っていたことから３年程前からその方にお金を頂いていました。その方は「あなたを援助したい、応援したい」と言い、わたしにお金をくれていました。安易な気持ちでお金を頂いていたことにとても反省、後悔しています。一昨日の夜、「性行為をしなければお金を全て返せ、訴える、私には弁護士の知り合いがいて訴えるのは簡単だ、これまでのことを大学や就職先（内定を頂いている所）に連絡する」と言われ、私は怖くなり性行為をしました。挿入はしないという約束でしたが、コンドームをつけず挿入されたと思います。妊娠していないかとても不安でどうしたらよいかわかりません。また、裸の状態で写真やビデオを撮られたかもしれません。どうしたら良いのでしょうか。これは性行為を強要されたということにはならないのでしょうか？同意の

元と捉えられてしまうのでしょうか。今後、私はこの関係を断ち切りたいのですが、相手から「大学や就職先に連絡する」と言われた場合、どのように対処したら良いのでしょうか？とても後悔しています。もし妊娠していたら、今後この関係が断ち切れなかったらと本当に不安です。私自身反省すべきことが多いことは分かっています、どうかアドバイスをお願いします（20代）。

　２年前たまにストレス発散でホストクラブに遊びに行ってました。指名してたホストの男性と仲良くしてたんですがなにかのはずみで怒らせてしまい私の車の運転席をとられてしまい私は助手席に乗せられました。ホテル街が見えてきたので嫌だと抵抗しようとしたら車の中で首を絞められたり頭をどつかれたりして元々男性の暴力に異常な恐怖がある私は抵抗できずホテルの駐車場についてしまいました。そして後ろからどつかれながら部屋にはいり性行為をされ、「避妊してっ」と泣いて頼んだのに押さえつけられ避妊してくれませんでした。その時パニックになっていて冷静に病院で体液調べるとかアフターピルとかの思考に至らなくてそれよりもそれ以上手を出されないために静かにしてるほかありませんでした。それから妊娠が発覚し、相手に伝えたところ謝罪もなく中絶費用すら払ってくれなくて同意書に署名だけしてもらい中絶をしました。警察には「なんでピルを飲んでなかったのか、なんですぐ病院で診てもらわなかったのか」と逆に私

が責められ、遠まわしに「泣き寝入りしなさい」と言われました。それからしばらく鬱になって精神科に通いました。忘れたことはなかったけど誰も助けてくれないし弁護士の着手金払えるお金もなかったので、必死に忘れたふりをしてました…面識ある男性からだと性暴力にならないのでしょうか？警察の方が言う通りピルを飲んでなく判断がわからず中絶までしてしまった私が悪いのでしょうか？２年近くかけやっと落ち着いていまさら出てきた勇気なんて無駄ですか？刑事訴訟、民事訴訟できることはわかってますがそんなお金がありません。これからも忘れたふりしながら生きてくほかないでしょうか（20代）。

　今日の２時頃、友達に無理やりエッチをさせられ、中出しはせず外に出したのですが正直とても不安です。この今の状況で、どういう行動をとるのが正しいのでしょうか（10代）。

　今住んでる場所に引っ越してきた日に性被害にあいました。大学生活が楽しみで仕方なく、大学が決まってから同じ大学に入学する人たちと交流していて、引っ越してきた日にそこで知り合ったＡ君と２人で会うことを約束していました。高校までの男友達は本当にただの友達で、２人でいても何の心配も無かったので、それが普通だ、常識だと無意識に思っていたのですが、そのＡ君は違いました。最初家に入れ

てもらった時は何とも無かったのですが、30分くらいしてから急にボディタッチが多くなってきてベッドに座らされました。今まで何の経験も無かった私でもこれはまずいと理解しました。どうやって逃げようと考えてる隙間なく押さえつけられ服を脱がされ体を触られました。最初は抵抗してましたが、頭が真っ白になって何が起こってるのかわからず、抵抗する気力がなくなってしまいました。痛みを感じた時もう一度必死に抵抗しました…今も本当に辛いです。なんで家に行ってしまったんだろう。もっと抵抗すれば良かった。でも母親に相談できません。母親に相談してしまったら、母は母自身のことを責めてしまいそうだったからです。私の責任なのにそんなことできません。そもそも私は警察には訴えたくないので、別に誰にも話す必要はないのではないかと、ずっと考え込んでいます。ただ辛いだけで私が話さなければ周りは何ともないし、逆に話してしまうと警察沙汰になりそうで。なぜ警察沙汰にしたくないかというと、先ほども書いたように母に迷惑をかけたくないのと、A君だって苦しんでたからです。でもずっと溜め込んでいるのは流石に辛くてどうすればいいのかわからなくて、最近ずっと自分を責めています。これじゃだめだと、もっと自分を大切にしないとだめだと思い、相談しました。長文になってしまいすみませんでした。思い出すのが辛いので読み返さずに送らせていただきます。誤字脱字が多いかもしれません。すみません。私は私みたいな被害にあう子を減らしたいです。自分からは直接発することはできなくても、こういう体験をしたと誰かに言えば

生かされると信じてます (10 代)。

　私は性風俗店に務めていました。今月〇日にお客様に無理やり sex され、それが引き金となり辞めざるを得なくなりました。拒否も何度もし、本当に怒りましたが力ずくでした。その後も謝りもしないどころか逆切れ状態。警察に行こうとしましたが、お店の人間に少し待ってくれと言われお客様とお店の間で解決しようとしましたがお客様の方が音信不通、着信拒否で泣き寝入り状態です。警察の相談窓口にも何度も連絡しましたが、混み合っていますのアナウンスで繋がらず、仕事後だともう終わりましたとなり、どうにもこうにもならない状態のまま今に至ります。風俗店では良くある話と言われたらそれまでですが、無理矢理やられ怖い思いをし、このまま泣き寝入りは嫌です。何より怒りと怖さが収まりません。助けてください (30 代)。

　私は 17 歳の時に成人した男性にお酒を飲まされ、その日は一緒にいた友人の家に泊まる予定でしたが、その友達が急に用事があると帰ってしまい終電もなかったのでその男性の家に行きました。そこで性行為をしました。抵抗しましたがキスをされ怖くてそのまましてしまいました。辛かったですが、自分が男性の家に行ってしまったことも悪いと思っていますし、知られたくなかったので誰にも話していません。証拠も残っていません。連絡先は消しましたがSNSをフォロー

されているので連絡は取れると思います。忘れようと思っていましたが、TVで性犯罪のことが流れるたびそのことを思い出してしまい辛いです。現在交際中の人がいますが、そのことを思い出してしまいそのようなことを求められても断ってます。なんでこんな思いをしなきゃいけないんだろうと思います。相手はわたしが未成年と知りながらお酒をすすめましたし性行為をしました。復讐をしてやりたいです（10代）。

　以前チャットで知り合った男性に「ドライブ行こう」と言われてOKを出しました。理由としては単にドライブをしたかったという感じですなのですがその選択が間違いでした。自分でも今考えると悪いことをしたと思ってます。相手の人がいきなり手を出してきて服を脱がせて体を触ったりしてきて（10代）。

　私は15歳で現在高校1年生です。私には交際している彼がいるのですが、彼は25歳で、ネットであった人でした。中学1年生になったばかりの頃好奇心でネットの掲示板に書き込みをして、ある1人の男性がLINEで声を掛けてきました。当時は私は13歳で彼は23歳です。それから話が進んで実際に会おうという話になり、まだその頃何も知らない私は彼が東京から北海道に来て会ってしまいました。そして彼がカラオケに誘い部屋に入って歌を歌っている時に私の体を触り性行為をされてしまいました。コンドームも何も付けないまま

中に出されてしまい、今思うとレイプに近い形でやられてしまったのを覚えています。彼が心配したのか産婦人科に行くことになり事情を説明してアフターピルを受け取ったのですが、私だけが1人で医師の元に呼ばれ「これは犯罪よ」と言われました（10代）。

　怖い思いをしています。その人は毎日同じ服装で同じ自転車に乗ってなにもなくてもフラフラしています。いつもポケットにはインスタントカメラが入っていました。私は初めて声をかけられた時からずっと写真を撮られてきました。「いや、やめて」と言ってもやめてもらえず、家まで特定されて、家のポストに現像した写真が入ってる時もありました。部活などで遅く帰るとなぜか家の前にその人がいて、「何してたの？」って声かけられました。ただ、その言い方がなんか気持ち悪いというか…変な感じでした。朝私を見つけると必ず着いてきます。走って逃げても追いかけてきます。怖くて怖くて、両親にも相談しましたが、取り合ってくれませんでした。高校に入るとボディータッチが激しくなり、最後には近くの団地の駐輪場に連れていかれて、刃物を突きつけられました。いろんなところを触られて気持ち悪くて。そこの住人が入ってきてその人は逃げていきましたが、今でもゾクゾクします。その日から学校にも行くことが出来なくなりましたが、今は引っ越しをして何とか学校には行けてます。しかし、今でも怖くて震えます。たまに過呼吸にもなります。

夜もしっかり寝られません。いないと思っていても気を抜くとその人が部屋の角から私の方をじっと見て、カメラを取り出します。私はカメラが苦手になりました。警察に言わなきゃと思ってはいるのですが、面と向かって言えない気がして、言ってもまた親のように聞く耳を持ってもらえなかったらどうしようとか、もしその人が捕まったとして私の写真がたくさん出てきたら嫌だとか思うと言えません。祖母がこの前振り込め詐欺に合って、落ち込んでいるにも関わらず何も配慮されずに3時間も事情聴取されたという話を聞いたら余計言う気になれなくて（10代）。

　私は今中学3年なんですが、ちょうど一年前の塾の帰り夜11時過ぎに1人で歩いてたら男の人に腕を掴まれて地面に張り倒されました。口も押さえつけられてしまって声も出せずに本当に怖くて怖くて死にそうになりました。制服も脱がされかけられた時に運良くパトカーが通りかかって警察官が助けてくれました。その時は怖くて怖くて仕方がなくて涙しか出ませんでした。一年経った今でもあの時の状況を思い出してしまうことがあります。一回思い出すと胸が苦しくなって息もできなくなります。男の人が怖くて怖くて仕方がないんです。親は私がもう立ち直ってると思ってます。どうすればいいと思いますか？このままだと死んじゃいそうになります（10代）。

おわりに

編著者　山本八千代

　近年、日本では、リプロダクティブ・ヘルスに関連した大きな動きがあった。2017年に刑法が改正されている。刑法では「強姦罪」、「強制わいせつ罪」などで規定されていたものが、「強制性交等罪」と変更され、2017年7月13日より施行されている。なんと刑法は、明治40（1907）年に制定されたものである。性暴力被害者のおかれている過酷な現状や、人権への配慮がようやく理解され、反映されたものと言われているが、私たち支援者は、さらなる理解と配慮の進展を願うばかりである。

　一方、性暴力の被害者に対し被害直後からの総合的な支援を行い精神と身体の回復を図り、司法や生活の相談をも行う「性犯罪・性暴力被害者のためのワンストップ支援センター」は、内閣府が各県に1箇所の目標を掲げている。この「性犯罪・性暴力被害者のためのワンストップ支援センター」は、2018年3月現在全国に40カ所を越えた。また、「配偶者からの暴力の防止及び被害者の保護等に関する法律（いわゆる配偶者暴力防止法）」があり、DVで苦しむ女性の支援システムの整備も進んできている。

　問題を抱える当事者に一刻も早く「支援の手」が差し伸べられることは、誰しも願うことである。しかし、ほとんどの当事者が行動を起こす力を失い、支援につながっていないと言って良い。私たち支援者からみ

ると、精神的に大きなダメージを抱え、うつ症状や不眠等を述べる当事者ばかりである。「時に自殺したい気持ちがあふれてきてつらい」、「もう本当に疲れ、どうしたらいいか」、「これから事件と向き合っていく力が沈んできた、どうか助けてください」など、不安や悲しみ、孤立感、孤独感の叫びを聞いている。

　暴力の被害者であるにもかかわらず、自身の問題を誰にも言えず、1人抱え込んでいる人、加害者が「憎い」「許せない」と思う一方で、自責の念もかかえている。また、DV当事者の中には、子どもを抱え経済的に自立する自信がない人は多く、「子どもと離れたくないから我慢している」と述べる人にも私たちはよく出会う。

　世界中のリプロダクティブ・ヘルスの問題を抱える子どもや女性達に一刻も早く支援の手が差し伸べられることを心より願う。

編著者　　山本八千代
執筆者〈五十音順〉

竹元　仁美
野口真理子
前田　尚美
矢作由美子

リプロダクティブ・ヘルス　支援の現場から

2018年5月22日発行

編著者　山本八千代

執筆者　NPO法人FOSC（フォスク）

発行所　ブックウェイ
〒670-0933　姫路市平野町62
TEL.079 (222) 5372　FAX.079 (223) 3523
http://bookway.jp

印刷所　小野高速印刷株式会社
©Yachiyo Yamamoto 2018, Printed in Japan
ISBN978-4-86584-302-6

乱丁本・落丁本は送料小社負担でお取り換えいたします。

本書のコピー、スキャン、デジタル化等の無断複製は著作権法上での例外を除き禁じられています。本書を代行業者等の第三者に依頼してスキャンやデジタル化することは、たとえ個人や家庭内の利用でも一切認められておりません。